Norbert Fischer

SCHLESWIG-HOLSTEIN

Das kleine Lexikon

WACHHOLTZ
MURMANN PUBLISHERS

Von Amrum bis Wikinger

Vorwort

Schleswig-Holstein zählt zu den beliebtesten Urlaubs- und Freizeitregionen in Deutschland. Aufgrund seiner geografischen Lage hat es unverwechselbare Eigenschaften. Da ist zum einen die Nähe zu den Meeresküsten von Nord- und Ostsee, zwei ganz unterschiedlichen Meeren: Im Westen die gezeitengeprägte Nordseeküste mit Ebbe und Flut und dem weitläufigen Wattenmeer mit seinen vorgelagerten Halligen und Inseln. Sie ist immer wieder von Sturmflutkatastrophen heimgesucht worden. Im Osten die eher friedliche, nur manchmal »wilde« Ostsee mit ihren Steilufern und geschützten Häfen, eingeschnitten durch weitläufige Buchten und Förden. Im Süden bildet der mächtige, ebenfalls gezeitengeprägte Elbstrom teilweise die Grenze des Bundeslandes. Wie an den Küsten, ist hier der Einfluss maritimer Milieus in Landschaft, Kultur und Gesellschaft zu verspüren. Auch die Nähe zu Dänemark hat das Land beeinflusst. Dänische Kultur und Sprache sind im nördlichen, Schleswiger Landesteil allenthalben zu spüren, die Wechselwirkungen mit Dänemark haben Schleswig-Holsteins Geschichte geprägt.
Der vorliegende Band stellt keine vollständige, systematische Übersicht im Sinne eines Lexikons oder einer Enzyklopädie dar. Vielmehr wurde die bereits vorhandene Literatur durchforscht, um eine möglichst breitgefächerte Zusammenstellung zu liefern. Das Werk wendet sich an ein breiteres Publikum und soll einen schnellen Zugriff ermöglichen. Personen

und Orte sind nur dann aufgenommen worden, wenn sie eine hohe symbolische Bedeutung für Schleswig-Holstein haben. Für ein vertieftes Wissen um die hier versammelten Stichwörter herum sei auf die im Anhang verzeichnete Fachliteratur verwiesen. Hier bietet vor allem das von Ortwin Pelc und dem leider inzwischen verstorbenen Klaus-Joachim Lorenzen-Schmidt herausgegebene »Schleswig-Holstein Lexikon« ein breites Spektrum wichtiger Informationen.

Das Zustandekommen des vorliegenden Werkes wäre ohne die vielfältige und tatkräftige Unterstützung von Kolleginnen und Kollegen nicht denkbar gewesen. In erster Linie sei Andrea Weber, die nicht zuletzt ihre langjährige publizistische Erfahrung mit schleswig-holsteinischen Themen einbrachte, für ihre Mitarbeit gedankt sowie dem Stormarner Kreisdenkmalpfleger a. D. Burkhard von Hennigs mit seinem beeindruckenden, schier unerschöpflichen Wissen über Schleswig-Holsteins Kultur und Geschichte. Beide haben zu zahlreichen Stichwörtern wichtige Informationen geliefert. Gleichfalls sei Klaus Gille und Manfred Sell für grundlegende Unterstützung bei dem vorliegenden Band gedankt. Dem Wachholtz Verlag und hier insbesondere Olaf Irlenkäuser und Rosa Wohlers sei für die konstruktive Zusammenarbeit gedankt.

Norbert Fischer

achtern
ist plattdeutsch für hinten bzw. hintere Räume. Gebräuchlich bei Schiffen für das Achterdeck (im Gegensatz zum Vordeck, dem Bereich vor dem (vorderen) Mast). Auch für alte Flurnamen genutzt: Achterste Koppel.

Adeliges Gut
ist eine in der Frühen Neuzeit bekannte agrarische Wirtschafts- und Herrschaftsform. Im Zentrum der meist weitläufigen Besitztümer stand das → Herrenhaus.
(→ Ahrensburger Schloss)

Ahrensburger Schloss

Ahrensburger Schloss
Das Schloss Ahrensburg zählt zu den bedeutendsten Renaissancebauten Norddeutschlands. Errichtet in den Jahren 1575–95 als → Herrenhaus des Gutes Ahrensburg, wurde es international bekannt als Sitz von Graf Heinrich Carl von Schimmelmann, Gutsbesitzer seit 1759 und dänischer Schatzmeister

(-kanzler). Heute wird das Schloss als Museum adeliger Wohnkultur und zu kulturellen Zwekken genutzt; es dient auch immer wieder als Filmkulisse.

Alkoven
ist eine schrankartige Bettstelle in Bauernhäusern und ersetzt die Schlafstube. Es handelt sich um eine vom übrigen Raum durch einen Vorhang oder eine - nicht selten verzierte - Tür getrennte Abseite.

Alte Salzstraße
ist der heutige Begriff für einen mittelalterlichen Handelsweg, der von Lüneburg über Artlenburg (Elbübergang bei Lauenburg) Richtung Lübeck führte. Er diente unter anderem dem Transport des in Lüneburg gewonnenen Salzes Richtung Ostseeraum (→ Ostsee). Heute dient der Begriff Alte Salzstraße der touristischen Werbung für die an ihr liegenden Orte.

Amrum
ist eine Insel im → Wattenmeer vor der nordfriesischen Küste, geprägt von einem breiten Sandstrand im Westen (→ Kniepsand). Der auf ihr liegende Kirchort Nebel ist bekannt für seine alten reetgedeckten (→ Reet) Bauten. Auf dem Kirchhof gibt es zahlreiche historische Seefahrer-Grabsteine, die museal auf einer besonderen Fläche aufgestellt wurden. Kulturhistorisch bedeutend ist auch der → Friedhof der Namenlosen in Nebel, in dem an der Küste gestrandete Seeleute ihre letzte Ruhe fanden. Die Nordspitze jenseits von Norddorf ist seit 1937 Vogelschutzge-

biet für See- und Strandvögel. Der 67 Meter hohe Leuchtturm bei Wittdün, dem heutigen Haupt- und Fährort der Insel (seit 1890 Seebad), ist der höchste Deutschlands.

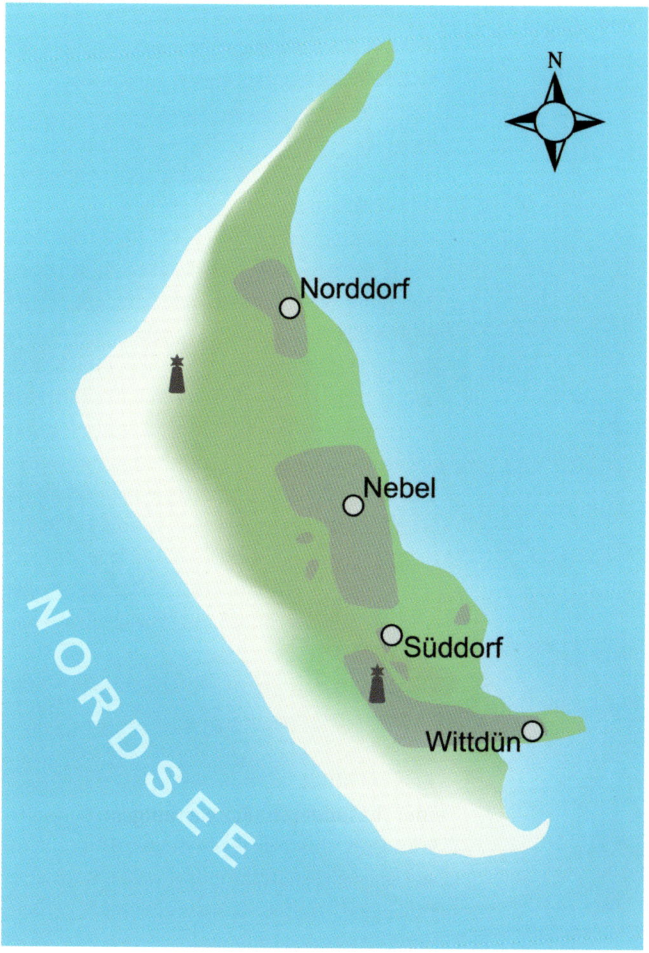

Ganze vier Orte gibt es auf dem rund 22 km² großen Amrum

Amt

ist ein Verwaltungsbezirk. Er war je nach historischer Epoche unterschiedlich ausgeprägt. Ihm stand der Amtmann vor, unterstützt von einem Amtsschreiber. Gegenwärtig bezeichnet Amt die gemeinsame Verwaltung mehrerer ansonsten eigenständiger, ehrenamtlich geführter Gemeinden unterhalb der Kreisebene.

Angeln

ist eine Halbinsel, die zwischen der Flensburger → Förde und der → Schlei liegt. Sie ist bekannt durch zahlreiche bedeutende Kirchen aus dem 12. und 13. Jahrhundert und neben der Halbinsel → Eiderstedt die kirchenreichste Region des Landes. Die Landschaft Angelns ist geprägt durch ihr immer noch dichtes Knicknetz (→ Knick). Neben den Kirchen zählen die Herrenhäuser Gelting, Roest, Rundhof, Buckhagen und Drült zu den architektonischen Perlen Angelns. Der höchste Punkt der überwiegend flachen Landschaft ist mit 71 Metern der Scheersberg mit einem Anfang des 20. Jahrhunderts errichteten Aussichtsturm, der dem Andenken Bismarcks gilt (→ Bismarcksäulen und -türme). Bekannt ist auch die Stadt Glücksburg mit ihrem Wasserschloss (→ Angler Muck, → Arnis, → Schnüüsch).

Angler Muck

ist ein alkoholisches Mischgetränk aus → Angeln. Es besteht aus abgekochtem Wasser oder Zitronenlimonade sowie Rum oder Korn und wird nach Belieben stark gemixt. Serviert wird es aus großen Porzellan- oder Keramikkannen, die auf der Außenseite häufig das Angler Wappen tragen. Angler Muck wird gerne zu → Schnüüsch getrunken.

Ansveruskreuz

ist eine überlebensgroße Kalksteinstele aus dem 15. Jahrhundert bei Einhaus (Kreis Herzogtum Lauenburg). Das Kreuz dient dem Gedenken an den Tod von Abt Ansverus und 18 Klosterbrüdern. Sie hatten Mitte des 11. Jahrhunderts bei Ratzeburg ein Benediktinerkloster erbaut, wurden aber im Zuge des Slawenaufstandes 1066 an dieser Stelle gesteinigt. Es ist Schauplatz von Katholiken-Treffen.

Arnis

liegt in → Angeln an der → Schlei und ist mit 300 Einwohnern und einer Fläche von 0,45 Quadratkilometern die kleinste Stadt Deutschlands.

Außensände

sind Sandbänke, die sich auf natürliche Weise an der Außenseite des → Wattenmeeres vor den nordfriesischen Inseln und → Halligen gebildet haben. Sie liegen bis zu einem Meter über mittlerem Hochwasser und sind veränderlich, das heißt, sie wandern langsam ostwärts.

Auster

Auf → Sylt existiert seit 1986 ein Austernzuchtbetrieb. Hier überwintert die pazifische Felsenauster, die unter dem Label Sylter Royal vermarktet wird.

St.-Jürgen-Kirche in Gettorf, im Stil der Backsteingotik

Bäderstraße
nennt sich die Bundesstraße, die dem Verlauf der Lübecker Bucht folgt. Sie verbindet die Ostseebäder → Travemünde, Niendorf, Timmendorfer Strand, Scharbeutz, Haffkrug und Sierksdorf. Fortgesetzt wird sie von der »Kleinen Bäderstraße« mit Grömitz, Kellenhusen, Dahme bis Heiligenhafen.

backsig
kommt aus dem Plattdeutschen und bedeutet klebrig.

Backsteingotik
ist eine besondere Bauweise, die sich in Schleswig-Holstein im Hochmittelalter entwickelt hat. Backstein wurde hier sehr oft als Baustoff verwendet, da es außer → Findlingen und Holz kein dauerhaftes Baumaterial gab. Seit Einführung des Ziegelbrennens um 1160 wurden zunächst die Kirchen und Klöster, später auch Herrenhäuser und städtische Gebäude in den jeweiligen Baustilen errichtet.

Bandreißer
sind Handwerker, die Reifen aus Weidenruten (-zweigen, -bändern) zur Befestigung von Fässern herstellen. Das Handwerk war besonders in der → Haseldorfer und Seestermüher Marsch bekannt, wo die Weiden im Außendeichsland angebaut und im zwei- bis

Hetlinger Bandreißer um 1900

dreijährigen Turnus geschneitelt (geschnitten) wurden. Durch die Industrialisierung der Fassherstellung verlor dieses Handwerk an Bedeutung. Im späten 20. Jahrhundert wurden noch vereinzelt Weidenbänder für beispielsweise Kränze geschält, gesplittet und zu Reifen gebogen.

bannich, bannig
kommt aus dem Plattdeutschen und meint ungewöhnlich, außerordentlich.

Bark
ist ein Segelschiff mit mindestens drei Masten. Der hinterste Mast ist mit → Gaffelsegeln ausgestattet, die übrigen besitzen Rahen. Dieser Schiffstyp war in der zweiten Hälfte des 19. Jahrhunderts als Hochseefrachtschiff weit verbreitet.

Dreimastige Bark

Baumschule
Südwestholstein verfügt über eines der größten europäischen Baumschulgebiete. Für das Gut Klein Flottbek (heute zu Hamburg gehörend) baute der schottische Gärtner James Booth im 19. Jahrhundert eine Baumschule auf, aus der sich die heutigen Baumschulen und Rosenbaumschulen im Kreis Pinneberg entwickelt haben.

Baumschule von Booth in Flottbek, Lithografie von Wilhelm Heuer, 1855

beipulen
heißt jemandem mühsam etwas beibringen.

Belt
ist eine breite Meeresstraße in der → Ostsee, im Gegensatz zum Sund als enge Meeresstraße. Ein Beispiel ist der Fehmarn-Belt zwischen der Insel → Fehmarn und → Dänemark gegenüber dem Fehmarn-Sund zwischen Fehmarn und Ostholstein.

Bernstein
ist ein Schmuckstein aus fossilem Harz, gelegentlich mit organischen Einschlüssen (Inklusen). Er ist im gesamten Gebiet von → Nord- und → Ostsee zu finden. Bernsteine finden sich besonders nach schweren Stürmen, meist verstecken sie sich in Algenteppichen, die angespült wurden. Er ist schwer von braunem Flaschenglas zu unterscheiden. Ob es sich bei Funden tatsächlich um echten Bernstein handelt, lässt sich erkennen, indem man

Biikebrennen

die Stücke in gesättigte Salzlösung legt: Der Bernstein schwimmt obenauf.

Biikebrennen

Am Abend des 21. Februars, dem Petri-Tag, brennen an der nordfriesischen Küste, auf den Inseln und den → Halligen in jedem Jahr die sogenannten Biike-Feuer. Der Begriff stammt aus dem → Friesischen und bedeutet »Feuerzeichen«. Als Ursprünge werden Fastnachtsfeuer genannt, aber auch die Bedeutung als Abschiedsgruß für die Walfänger, die sich in dieser Zeit nach dem Winter erstmals wieder auf See begaben.

Bilegger

ist ein aus mehreren Eisenplatten zusammengesetzter und an die Wand gebauter Ofen. Er wird mithilfe eines Durchbruchs von hinten beheizt, in der Regel durch einen Herd. Der Durchbruch ist zugleich Rauchabzug. Bilegger standen in ländlichen Stuben (→ Döns), waren aber auch in Städten bekannt.

Binnenland

ist ein Sammelbegriff für die nicht küsten-nahen Gebiete. Der Begriff ist auch eine Kurzform für Binnendeichsland, das in den → Marschen durch die Hauptdeiche (→ Deich) vom Außendeichsland und dem Meer geschieden wird.

Birnen, Bohnen und Speck

ist eine bekannte schleswig-holsteinische Eintopfspeise, auch bekannt unter dem Namen Grööner Heini. Sie wird vorzugsweise in den Monaten August und September mit frischen Brechbohnen und reifen Kochbirnen bereitet. Hinzu kommen Schinkenreste oder durchwachsener Speck sowie Kartoffeln.

Bismarcksäulen und -türme

Dem früheren deutschen Reichskanzler Otto von Bismarck (→ Friedrichsruh), der 1898 starb, wurden in der Zeit um 1900 zahlreiche Gedenkorte gewidmet. Bismarcksäulen und -türme wurden zumeist mit Spendengeldern errichtet. Die erste Bismarcksäule steht in der Stadt Reinbek auf dem Hammelberg. Zwei nahezu identische Bismarcksäulen gibt es bei Bad Schwartau (auf dem Pariner Berg) und in Itzehoe. Hiervon abgeleitet sind die Bismarcktürme. Sie dienten

oft gleichzeitig als Wassertürme und konnten auch als Aussichtstürme genutzt werden. Der Turm auf dem Scheersberg (→ Angeln) ist der höchste Bismarckturm, weitere stehen in Aumühle, Lütjenburg und Plön.

Blanker Hans

nennen die Norddeutschen die tobende → Nordsee mit ihren schweren → Sturmfluten. Die Worte »Trutz, blanke Hans« wurden durch eine Ballade des Dichters Detlev von Liliencron bekannt. Sie verweisen auf die Herausforderung, der die Menschen durch die Fluten ausgesetzt sind.

Bojer

ist ein von der → Eider und aus dem → Wattenmeer bekanntes einmastiges Segelschiff mit niedrigem Kiel und einem rund 12 Meter langen Rumpf. Es wurde bis Ende des 19. Jahrhunderts gebaut und diente dem Transport von Agrarprodukten.

Bojer

Bordesholmer Altar

Bordesholmer Altar
ist ein bedeutendes Werk spätgotischer Altarkunst. Er wurde im Jahr 1666 aus dem ehemaligen Augustiner-Chorherrenstift in Bordesholm in den Dom zu Schleswig umgesetzt. Das 12,6 Meter hohe und 7,14 Meter breite Retabel aus Eichenholz wurde in der Werkstatt von Hans Brüggemann zwischen 1514 und 1521 angefertigt.

Bornhöved
ist Schauplatz von historischen Schlachten gewesen (798 und 22.7.1227). Der Ort hat heute etwas über 3000 Einwohner.

Schlacht von Bornhöved 1227, Postkarte von 1927

Boßeln
ist ein in den flachen Marschengebieten (→ Marsch) an der Nordseeküste (→ Nordsee) bekannter Volkssport, der im Winter betrieben wird. Dabei wird auf geraden Wegen von jeder Mannschaft eine Kugel (Holz, Hartgummi) geschleudert. Deren Endweite bildet den Startpunkt für den Wurf des nächsten Mannschaftsmitgliedes. Man versucht, mit möglichst wenigen Würfen voranzukommen. Je nach Geschicklichkeit können sich die Mannschaften gegenseitig überholen.

Brack (Brake, Wehl, Kolk)
ist ein Ausstrudelungsloch im Marschenboden (sogenannte Auskolkung), das nach

Deichbrüchen entsteht. Das tonnenschwere, mit großer Wucht durch den zerstörten → Deich einstürzende Wasser kolkt den in der Regel feuchten Marschenboden (→ Marsch) metertief aus. Da in früheren Zeiten eine erneute Durchdeichung technisch schwierig war, wurden Bracks innen oder außen umdeicht und blieben als kleine Wasserlöcher in der Landschaft erhalten. In einigen Fällen werden sie als Fisch- oder Badeteiche genutzt.

Brecher
sind große Wasserwellen, die meist vom Bug aus über das Deck eines Schiffes schwappen und dort »brechen«. Das Wasser wird durch die → Klüsen abgeleitet.

Brigg
ist die Bezeichnung für ein zweimastiges Segelschiff, das Rahsegel (Rah = Rundholz, an einem Rundholz geführt) sowie weitere Segel an beiden Masten trägt. Diese Takelung wurde auf ganz unterschiedlichen Schiffsrümpfen praktiziert.

Zweimastige Brigg

Buddelschiff
ist ein kleines gebasteltes Schiffsmodell, das durch einen Flaschenhals geschoben und im Flascheninneren aufgerichtet wird.

Buddelschiffmuseum
In Wedel (bei Hamburg) an der → Elbe sind im Buddelschiff- und Muschelmuseum mehr als 200 alte und neue → Buddelschiffe zu sehen. Zudem werden dort mehr als 1000 → Muscheln und Schnecken aus den Ozeanen der Erde gezeigt.

Buddenbrook
ist der Name einer fiktiven Familie aus dem Lübecker Bürgertum bei Thomas Mann in seinem berühmten Roman »Buddenbrooks: Verfall einer Familie«. Für dieses Werk erhielt der Schriftsteller 1929 den Nobelpreis für Literatur.

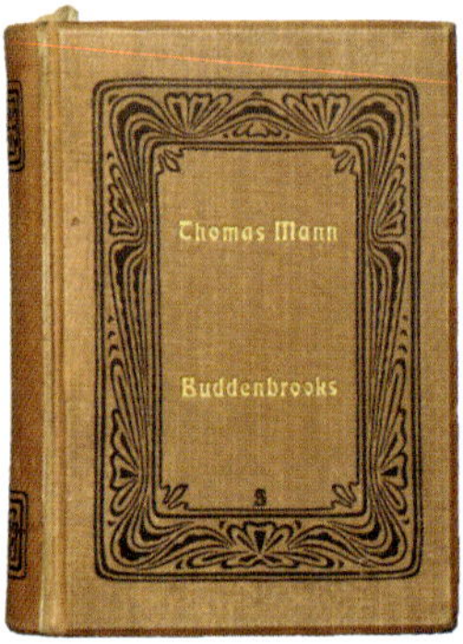

Buchcover der ersten »Buddenbrooks«-Ausgabe und das Buddenbrook-Haus in Lübeck

Buhne
ist eine Uferschutz- bzw. Landgewinnungsanlage, die in der Regel quer zum Ufer ins Meer

Buhne an der Ostsee

hineinragt. Sie wurde früher aus Holz, Steinen und Buschwerk errichtet, in neuerer Zeit auch mit Eisen und Beton. Buhnen dienen dazu, die Kraft der Wellen zu brechen und zerstörerische Strömungen abzulenken. In ihren Winkeln verlandet das flache Wasser allmählich, Pflanzen siedeln sich an und halten den Schlick zusammen. Das Land kann auf diese Weise »deichreif« werden.

Butt

Als Butt werden umgangssprachlich alle Plattfische bezeichnet, von denen es mehr als 600 Arten gibt. Vor den Küsten Schleswig-Holsteins leben neben der Scholle, der → Flunder und der Seezunge vor allem Goldbutt, Graubutt, Steinbutt und Heilbutt.

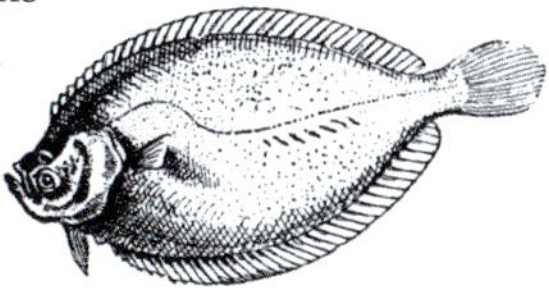

Ellerbeker Buttjer, Bronzestatue von Ursula Hensel-Krüger

Buttermilchsuppe
enthält neben ihrem hohen Anteil an Buttermilch Kartoffeln, Zwiebeln, Speck und Dinkelmehl.

Buttjer oder Buttje
ist heute eine Bezeichnung für kleine Kinder. Ursprünglich ist der Buttjer der ostfriesische Fischer, der in der Vergangenheit auf Holzschlitten (Kreiern) ins → Wattenmeer fuhr, um die Reusen zu kontrollieren.

Büx
kommt aus dem Plattdeutschen und bedeutet Hose.

C

Cap Hornier

deutsch: Kap Horner, bezeichnet solche Kapitäne, die selbst noch Schiffe um das berüchtigte, sturmumtoste Kap Hoorn in Südamerika geführt haben. Bis 2003 gab es weltweit eine Vereinigung von Cap Horniers. Diese Bezeichnung ergibt sich aus dem französischen Namen der Vereinigung: Amicale Internationale des Capitaines au Long Cours, Cap Horniers.

D

Dänemark

Das Herzogtum → Schleswig gehörte bis 1864 zum Königreich Dänemark, hatte aber schon im Hochmittelalter einen eigenen Herzog aus der königlichen Familie. Die Grafschaft Holstein/Stormarn dagegen war immer Teil des Heiligen Römischen Reichs Deutscher Nation; 1474 wurde sie vom Kaiser zum Herzogtum Holstein erhoben. Mit der Wahl des dänischen Königs Christian I. 1460 in Ripen/Ribe zum Herzog von → Schleswig und Grafen von → Holstein (und Stormarn) gab es eine Personalunion für den jeweiligen Landesherrn, der aber für den Landesteil Holstein ein deutscher Reichsfürst war. Nach dem zweiten → Deutsch-Dänischen Krieg 1864 und dem Sieg Preußens bei Königgrätz über Österreich verzichtete Dänemark auf beide → Herzogtümer. Auf Betreiben des preußischen Kanzlers Otto von Bismarck wurden die beiden Herzogtümer von Preußen annektiert und im Januar 1867 preußische Provinz.

Das Danewerk auf einer historischen dänischen Karte, 1757

D

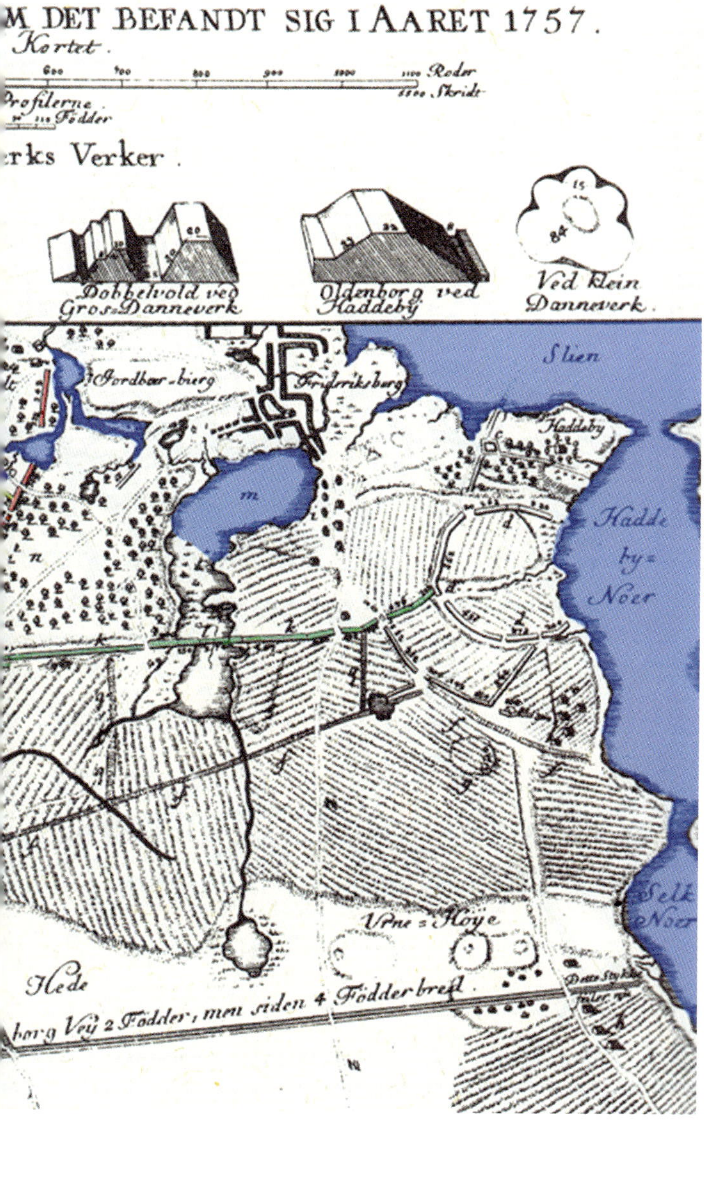
M DET BEFANDT SIG I AARET 1757.
Kortet.
Roder
Skridt
Profilerne
Födder
rks Verker.
Dobbelvold ved Gros=Danneverk
Oldenborg ved Haddeby
Ved Klein Danneverk.
Slien
Jordbær=bierg
Fridriksberg
Haddeby
Hadde by= Noer
Selk Noer
Vrne=Höye
Hede
borg Vey 2 Födder, men siden 4 Födder bred.

Dänische Minderheit
→ Nordschleswig

Dänischer Wohld
ist eine Landschaft, deren Zentrum der Ort Gettorf ist. Die Kieler → Förde bzw. der → Nord-Ostsee-Kanal und die Eckernförder Bucht umgrenzen sie grob. Im 14. Jahrhundert tauchte der Begriff Danica silva zuerst auf und bezeichnete ein unbesiedeltes Waldgebiet, das ursprünglich der dänischen Krone gehörte und am Ende des Mittelalters an einzelne Gutsherren verlehnt wurde. 1928 erhielt eine Ansammlung mehrerer Dörfer den Namen Dänischer Wohld. Hier finden sich Herrenhäuser wie Noer, Borghorst und Dänisch-Nienhof. Bemerkenswert ist auch der Bülker Leuchtturm auf einer Landspitze. Zwischen Schwedeneck und Gettorf liegen zahlreiche Steingräber aus der jüngeren Steinzeit.

Danebrog oder Dannebrog
meint im Deutschen Dänentuch und ist die Bezeichnung für die dänische Nationalflagge.

Danewerk
heißt die mehrfach untergliederte südliche Grenzbefestigung → Dänemarks im Gebiet der → Schlei und Treene. Die ältesten Abschnitte wurden vermutlich im 6. Jahrhundert erbaut.

Dans op de Deel
heißt ein plattdeutsches Lied, das unter anderem von der Gruppe Godewind gesungen wurde, mit folgendem Refrain:

Dann is Dans op de Deel, Dans op de Deel
immer noch einmal quer so über'n Saal
Dann is Dans op de Deel, Dans op de Deel
dans mit mir nochmal so über'n Saal

Heute steht der »Dans op de Deel« einfach für eine ausgelassene Feier mit Tanz.

Deich
ist ein zweckentsprechend geformter, aus Erdbaustoffen bestehender Wall, der dem Schutz vor Überschwemmungen dient. Etymologisch hängt der Begriff mit »Teich« zusammen (d.h. »etwas Aufgegrabenes«). Unterschieden wird zwischen See- und Flussdeich. Der Seedeich schützt niedrig gelegene, küstennahe Gebiete, in der Regel das Marschenland (→ Marsch) an den gezeitengeprägten(→ Gezeiten) Küsten der → Nordsee. Er ist den zum Teil extremen hydrodynamischen Belastungen von Tidenhub (→ Tide) und hoch auflaufenden → Sturmfluten ausgesetzt. Seine einzelnen Bestandteile sind Deichkörper, Krone (Kappe), Binnen- und Außenböschung sowie Binnen- und Außenberme (Fuß).
Während heutige Deiche in der Regel aus einem von Kleierde umhüllten Sandkern bestehen, verwendete man vor dem 20. Jahrhundert im Wesentlichen Kleierde für den gesamten Deichkörper. Um ein Abspülen zu verhindern, wurde dieser durch eine Bedeckung, zum Beispiel aus Stroh, → Reet oder Grassoden, geschützt (Bestickung). Neben dem Seedeich als Hauptdeich (auch Winterdeich, heute Landesschutzdeich genannt) gibt es weitere Varianten, die nach spezifischer Funktion und Lage unterschieden werden.

Bei Hochwasser schützt der Deich die Stadt vor Überflutung

Deichbau

zählt in den niedrig gelegenen → Marschen an der Nordseeküste (→ Nordsee) zu den Voraussetzungen intensiven Siedelns und Wirtschaftens. Eine geschlossene Deichlinie ist seit dem hohen Mittelalter bekannt. → Schleusen sorgen seitdem für eine geregelte Entwässerung des → Binnenlandes. Die Organisation des Deichbaus unter Leitung eines → Deichgrafen gehört zu den gesellschaftlichen Grundstrukturen in den Marschengegenden. Über Jahrhunderte hinweg wurde der Deichbau von lokalen Deichverbänden selbstständig und genossenschaftlich organisiert, später gewann der Staat immer größeren Einfluss, unter anderem durch eigene Initiativen, gesetzliche Vorschriften sowie durch die Finanzierung des Küstenschutzes.

Deichgraf

Als Deichgraf wird der Vorsteher eines Deichverbands in den Marschengebieten (→ Marsch) bezeichnet (die Begriffe können lokal und historisch variieren). Es handelte sich in der Regel um einen Vertreter der wohlhabenden freien Bauernschaft, der zur Honoratiorenschicht vor Ort gehörte. Die Amtsperioden waren lokal bzw. regional unterschiedlich. Häufig wurden sie für mehrere Jahre bestimmt, manchmal aber blieben Deichgrafen bis zur Gebrechlichkeit im Amt. Ihnen standen sogenannte Deichgeschworene zur Seite.

Deutsch-Dänischer Krieg

meint sowohl den Krieg nach der Erhebung von 1848 (der erst 1851 beendet werden konnte) als auch den zweiten Deutsch-Dänischen Krieg von 1864, der mit der dänischen Niederlage endete.

Dithmarschen
Gelegen zwischen Niederelbe (→ Elbe) und → Eider, war Dithmarschen eine der drei nordelbischen Sachsengaue (→ Gau) und unterstand ursprünglich dem Grafen von Stade. Die einstige, in Kirchspiele gegliederte Bauernrepublik wurde von Großbauern geführt (→ Geschlechter, → Geschlechterfriedhof). Einschneidend für das Land ist die Schlacht von → Hemmingstedt im Jahr 1500, bei der sich 6000 Bauern und Handwerker noch einmal erfolgreich gegen die Unterwerfung durch die ritterliche Streitmacht von König Johann und Herzog Friedrich von Gottorf und gegen die von ihnen angeworbene »Schwarze Garde« (ein Landsknechtsheer) wehrten. 1559 verlor Dithmarschen dann seine Unabhängigkeit. Heute reicht der Kreis Dithmarschen mit der Kreisstadt Heide von Brunsbüttel bis zur Eidermündung. Kulturelles Highlight der Region ist der Meldorfer Dom. Mit Büsum hat Dithmarschen ein bedeutendes Nordseebad in seinen Grenzen (→ Dithmarscher Reiter).

Dithmarscher Reiter
ist die Bezeichnung für die Figur im Wappen der Landschaft → Dithmarschen. Sie trat nach der Niederlage von 1559 an die Stelle der ursprünglich im Siegel benutzten Marienfigur. Nach der Teilung Dithmarschens in einen königlichen und einen gottorfischen Anteil wurden für beide Teillandschaften leicht unterschiedliche Figuren benutzt. Der Dithmarscher Reiter tauchte in allen dänischen Königswappen auf, bis Königin Margarethe II. darauf verzichtete. Mit der Bildung des Kreises Dith-

marschen aus den Kreisen Norder- und Süderdithmarschen ist der Dithmarscher Reiter als Wappenfigur geblieben.

Döns

ist die Bezeichnung für die alltäglich genutzte Wohnstube im Bauernhaus. Sie wurde beheizt (→ Bilegger) und war rauchfrei. Das Bett wurde hinter die Wand verlegt (→ Alkoven, → Flett).

Döschdamper

war die Bezeichnung für den separaten Dampfantrieb der großen fahrbaren Dreschkästen aus der Zeit des späten 19. und frühen 20. Jahrhunderts (→ Monarchen).

Ein Döschdamper bei der Ernte im Einsatz

Dösen

heißt träumen, unaufmerksam sein.

Döspaddel
ist ein Spinner, Blödmann.

Donn
ist eine Nehrungsbildung (→ Nehrung) aus Sand an der Westküste zwischen Lunden und St. Michaelisdonn, der inzwischen die → Marsch vorgelagert ist. Ortsnamen wie Hochdonn und St. Michaelisdonn verweisen darauf.

Doppeleiche
Der Begriff entstammt dem sogenannten Schleswig-Holstein-Lied und meint zwei Eichen, die mit ihren Wurzeln oder, wie im Bild, in Hüfthöhe dicht an dicht gepflanzt wurden. Das Mitte des 19. Jahrhunderts verbreitete Bild symbolisiert die Zusammengehörigkeit der Herzogtümer → Schleswig und → Holstein. Doppeleichen entstanden als gezielte Anpflanzungen, insbesondere 1898 aus Anlass des 50. Jahrestages der schleswig-holsteinischen Erhebung.

Dorsch
ist die an der → Ostsee vorherrschende Bezeichnung für Kabeljau, einer der meistgefangenen und -verzehrten Fische.

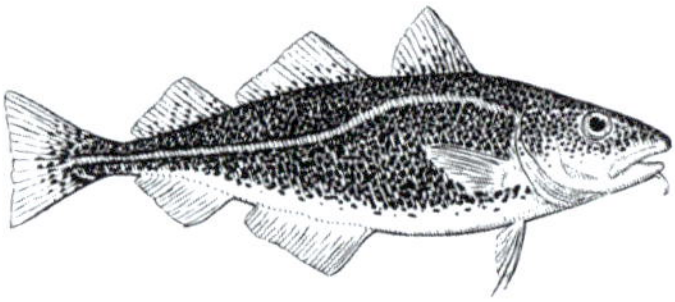

Düne
Dünen sind als Sandaufhöhungen ein Teil der Küstenlandschaft. Sie werden durch Windein-

wirkungen erzeugt und unterliegen steten Veränderungen. Manchmal bilden sich regelrechte Dünenketten, zum Beispiel im Westen der Insel → Sylt. Im Gegenteil zu den niedrig gelegenen, fruchtbaren → Marschen, die durch Deiche vor den Meeresfluten geschützt werden müssen, bilden Dünen einen natürlichen Küstenschutz an → Nord- und → Ostsee. Dünengebiete galten über Jahrhunderte hinweg als Ödländereien, bevor sie durch den um 1800 aufkommenden Seebädertourismus eine symbolische Aufwertung erfuhren und seitdem als reizvoller Teil der Küstenlandschaft gesehen werden.

Dusel haben
bedeutet zufällig und auch unerwartet Glück haben.

Dusenddüwelswarf
ist eine Erhöhung (→ Warft) südwestlich von Hemmingstedt und der Standort des Denkmals für die in der Nähe stattgefundene Schlacht bei → Hemmingstedt. Das Denkmal wurde im Jahr 1900 anlässlich des 400. Jahrestages der Schlacht errichtet.

Dusenddüwelswarf bei Hemmingstedt

Dünenlandschaft bei St. Peter-Ording

Dwarslöper
ist eine Bezeichnung für Krebse, die sich meist quer zur Körperrichtung vorwärts bewegen.

Ebbe auf Amrum

Ebbe

bildet zusammen mit der → Flut die → Gezeiten, die die Küste der → Nordsee prägen (an der → Ostsee spielen die Gezeiten nur eine geringe Rolle). In einem über sechs Stunden währenden, vom Mond beeinflussten Zyklus zieht sich das Meerwasser der → Nordsee zurück und kehrt wieder. Ungünstige Wetterkonstellationen können aus Fluten → Sturmfluten entstehen lassen, die die → Deiche und damit die Sicherheit in den → Marschen gefährden. Die Flut- und Ebbezeiten sind in einem sogenannten Gezeitenkalender für bestimmte Orte an der Küste festgehalten (→ Tide).

Eekholt

ist ein Wildpark zwischen Bad Segeberg und Bad Bramstedt. Mehr als 700 Tiere und 100 Arten leben hier in ihrer natürlichen Umgebung. Der Park entstand in den 1980er Jahren aus einem Rothirschzucht- und Forschungsgehege. Neben Rot-, Dam-, Sika- und Schwarzwild sind unter anderem auch Greif- und Nachtvögel sowie Dachse und Fischotter auf dem Gelände zu sehen.

Eenspänner

oder Einspänner ist ein vom Pferd gezogenes Fuhrwerk.

Eider

ist der Grenzfluss zwischen → Schleswig und → Holstein. Mit 188 Kilometern ist die Eider der längste Fluss Schleswig-Holsteins. Im späten 18. Jahrhundert wurde die damalige Verkehrsader durch den 1784 eröffneten und

43 Kilometer langen Eiderkanal mit der Kieler → Förde verbunden. Von ihm gibt es westlich von Kiel heute noch bauliche Relikte. Bis 1866 war die Eider die Nordgrenze des Deutschen Reiches. Nach dem Bau des → Nord-Ostsee-Kanals 1895 verlor sie ihre verkehrstechnische Bedeutung. Im Jahr 1973 wurde nahe der Mündung das → Eidersperrwerk zum Schutz vor → Sturmfluten errichtet.

Eiderdänen
werden die Anhänger jener Politik bezeichnet, die → Dänemark die Hoheit über das gesamte Herzogtum → Schleswig geben wollten. Damit sollte die → Eider wieder zur Südgrenze Dänemarks werden.

Eiderkanal
→ Eider

Eidersperrwerk
Das Eidersperrwerk verriegelt seit seiner Inbetriebnahme 1973 auf einer Länge von 4,8 Kilometern mit fünf Hubtoren bei → Sturmfluten die Mündung der → Eider und stellt ein wichtiges Werk des Küstenschutzes an der schleswig-holsteinischen Nordseeküste dar (→ Nordsee, → Sperrwerk).

Eiderstedt
ist die Bezeichnung für eine Halbinsel und historische Landschaft an der Westküste. Sie hat eine Länge von rund 30 Kilometern und eine Breite von etwa 15 Kilometern. Die Mitte des 16. Jahrhunderts eingewanderten holländischen → Friesen brachten Kenntnisse von Wasserbau

Eidersperrwerk

und Landwirtschaft mit und trugen maßgeblich zum Wohlstand der Halbinsel bei. Die fruchtbaren Böden ermöglichen einträgliche Landwirtschaft; ein Schwerpunkt war jahrhundertelang die Rindermast. Architektonischer Ausdruck des bäuerlichen Wohlstands waren die riesigen → Haubarge, von denen es Mitte des 19. Jahrhundert auf Eiderstedt 450 gab (heute sind noch über 40 erhalten). Auch die alten Kirchen mit ihrer reichen Ausstattung zeugen vom einstigen Reichtum der Region. Wahrzeichen der Region ist der → Westerhever-Leuchtturm.

Eiergrog

→ Grog

Ekke Nekkepenn

ist eine Sagengestalt, deren Geschichte der Sylter Heimatforscher Christian Peter Hansen literarisch verarbeitete. Der »Meermann« lebte auf dem Grund der → Nordsee, von wo aus er mit Seeleuten und Inselbewohnern seine Scherze trieb.

Elbe

Rund 170 Kilometer der gesamten Flusslänge der Elbe von etwa 1170 Kilometern entfallen auf Schleswig-Holstein. Sie erstreckt sich auf die Kreise Herzogtum Lauenburg, Pinneberg, Steinburg und → Dithmarschen. Die Elbe heißt hier Unter- oder Niederelbe und kennzeichnet jenen Teil des Flusses, der von → Ebbe und → Flut berührt wird. Bis 1960 reichte er bis Lauenburg, danach kennzeichnet die Staustufe Geesthacht das Ende der gezeitenabhängigen (→ Gezeiten) Flussstrekke. Größte schleswig-holsteinische Elbstadt ist Wedel. Eine elbquerende Autofähre von schleswig-holsteinischer Seite nach Niedersachsen gibt es zwischen Glückstadt und Wischhafen. Die Fährlinie Brunsbüttel-Cuxhaven ist zeitweilig in Betrieb, weitere elbquerende Fähren verkehren von hamburgischem Territorium aus. In Lauenburg und Geesthacht gibt es von schleswig-holsteinischer Seite aus zwei Elbbrücken, erstere als kombinierte Straßen- und Eisenbahnbrücke.

Ellenbogen

Ellenbogen
ist die sprechende Bezeichnung für einen Landhaken an der Nordspitze von → Sylt.

Entenkoje
→ Vogelkoje

Entwässerung
Nach der Errichtung geschlossener Deichlinien zum Schutz der niedrig gelegenen → Marschen waren diese von der natürlichen Entwässerung abgetrennt. Zwar konnten die Fluten (→ Gezeiten) nicht mehr eindringen. Um den Boden bewirtschaften zu können, musste jedoch auch das Niederschlags- und das von der höheren Geest (→ Hohe Geest) bzw. den → Mooren kommende Schmelzwasser abgeführt werden. Zu diesem Zweck wurden Entwässerungsläufe gegraben, die das Wasser über in den → Deich gebaute → Schleusen bzw. Siele abführten. Die Unterhaltung der Entwässerungsläufe obliegt Entwässerungsverbänden.

Erntebier
Auf den Gütern (→ Adeliges Gut) war es Sitte, dass der Gutsherr nach eingebrachter Ernte ein Fest ausrichtete für seine Leute – das Erntebier.

Eten un drinken
Die landestypische Küche Schleswig-Holsteins wurzelt in der ländlich-bäuerlichen Kultur, die sich auf vorhandene Nahrungsmittel wie Kartoffeln, selbst angebautes Gemüse, Milch, Mehl, Speck und Schweinefleisch bezog und sehr deftig ausfiel. Heute gelten Fisch- und Krabbengerichte (→ Krabbe) als typisch für die Küche

des Landes. Auch geräucherte → Flundern, Makrelen oder Aale, Maränen oder Forellen sind beliebt. Landestypisch sind oder waren auch → Buttermilchsuppe, der Eintopf »Dickmusik« aus Gemüse und Speck, »Schwarzsauer« (Grütze mit Schweineblut), → Birnen, Bohnen und Speck, der → Mehlbeutel oder → Großer Hans und nicht zuletzt der → Grünkohl. Auch die Rote Grütze aus Beeren mit Sahne ist bekannt.

Eulenspiegel, Till

ist eine berühmte Figur aus Schwanksammlungen. Über sein Leben ist nur wenig bekannt. Er starb 1350 in Mölln (Kreis Herzogtum Lauenburg), wo seine Grabplatte und ein ihm gewidmetes Museum stehen.

Eutiner Kreis

war eine Gruppe von Intellektuellen, größtenteils Schriftstellern, aus dem späten 18. und frühen 19. Jahrhundert, die sich in Eutin trafen. Zu ihnen gehörten unter anderem der Lyriker Friedrich Leopold Graf zu Stolberg und der Dichter und Übersetzer Johann Heinrich Voß. Der Eutiner Kreis verschaffte dem Ort den Ruf eines »Weimar des Nordens«.

Ewer

ist ein meist 12 bis 18 Meter langer Bootstyp der Niederelbe. Seine Charakteristika sind Plattboden und Seitenschwerter. Der Plattboden dient dazu, das Gefährt bei → Ebbe im Watt aufliegen lassen zu können, die Seitenschwerter der Stabilität. Die Masten der ein- oder eineinhalb-mastigen Boote können umgelegt werden.

Fachhallenhaus (-kate)
ist die heute übliche Bezeichnung für ein kombiniertes Wohn- und Stallhaus, das in Westfalen, Niedersachsen und in Holstein die übliche Form des Bauernhauses darstellt. Das Hausgerüst bilden zwei Reihen von Ständern mit quer darüber gelegten Balken, die ihrerseits die Dachsparren tragen. Die Außenwände reichen unter die seitlich überstehen-

Fachhallenhaus

den Balken und tragen nur ihr Eigengewicht. Das Fachhallenhaus bestand ursprünglich aus einem → Flett und dem Stallteil; seit der frühen Neuzeit wurde dann oft an das Flett ein Wohnfach angebaut, in dem die Stuben für die Bauernfamilie, die Altenteiler und die → Döns liegen. Ein kleines, nur zwei bis drei Fach langes Fachhallenhaus wird Fachhallenkate genannt.

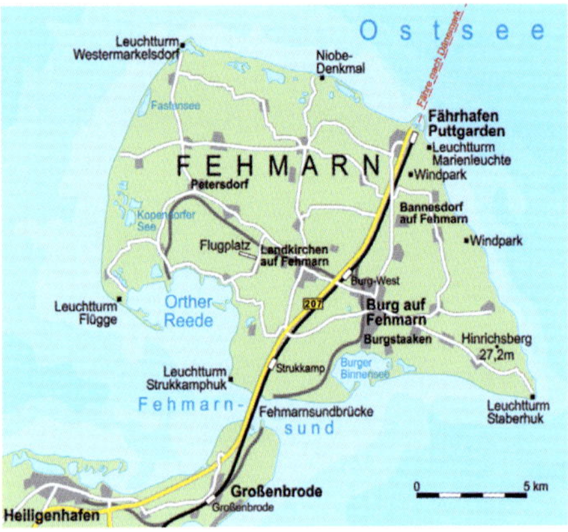

Fehmarn ist gut ausgestattet mit Leuchttürmen

Fehmarn
ist mit 185 Quadratkilometern die drittgrößte deutsche Insel. An der 78 Kilometer langen Küstenlinie der Insel überwiegen steinige und steile Strände, der Südstrand weist jedoch auch größere Sandstrände auf. Bis weit ins 20. Jahrhundert hinein bildete Fehmarn eine Welt für sich und war agrarisch geprägt. Die Verbindung zum Festland erfolgte über eine Fähre, die zwischen Großenbrode und Burgstaaken den Fehmarnsund querte. Mit dem Bau der fast 1000 Meter langen Fehmarnsundbrücke 1963 für Auto und Eisenbahn setzte ein Strukturwandel ein, die Insel wurde für den Tourismus erschlossen. Die Fehmarnsundbrücke und im weiteren Verlauf die Fährverbindung von Puttgarden nach → Dänemark über den Fehmarnbelt werden als »Vogelfluglinie« bezeichnet. Dieser Name geht auf eine Flugroute von → Zugvögeln zurück. Derzeit wird diese Verbindung neu projektiert, unter anderem mit einer festen Beltquerung (→ Belt, Sund).

Fehmarnsundbrücke

Fehmarnsundbrücke
→ Fehmarn

Fenne
ist im → Friesischen die Bezeichnung für Sumpf, → Moor oder tieferliegendes Gebiet, das von entwässernden Gräben durch- und umzogen ist. In → Nordfriesland ist die Fenne die Weide in den Marschgebieten (→ Marsch).

Fensterbier
auch Fensterbeer oder auch Fensterköst genannt, ist eine Tradition aus dem Norderdithmarschen (→ Dithmarschen) des 17./18. Jahrhunderts. Verwandte und Freunde schenkten zum Neubau eines Hauses kleine bemalte Glasscheiben mit biblischen Motiven, Familienwappen oder Alltagsszenen.

Fething
ist der Süßwasserspeicher auf den → Halligen und → Warften. Die Regenwassersammel-

Im Fething wurde das Regenwasser gesammelt

becken wurden vornehmlich als Trinkwasser für das Vieh genutzt. Süßwasser war auf den Halligen ein kostbares Gut, denn dort war selbst das Grundwasser salzhaltig. Erst zu Beginn des 20. Jahrhunderts, teilweise erst nach der → Sturmflut von 1962, erreichte die zentrale Wasserversorgung die Halligen. Heute stehen die wenigen erhaltenen Fethinge zumeist unter Denkmalschutz.

Feudel

ist ein Wischlappen, der gegebenenfalls mit einem Schrubber zum Reinigen von Fußböden dient.

Findlinge

sind große Steine, die bei eiszeitlichen »Gesteinswanderungen« und durch Reibung mit anderen Gesteinsbrocken geschliffen wurden und liegen blieben. Geologen sprechen bei diesen Gesteinsbrocken von »Geschiebe«, im Volksmund hat sich der Begriff Findling durchgesetzt.

Fischköppe
nennt der Süddeutsche im Volksmund die Menschen, die im Norden leben und eigentlich → »Nordlichter« sind.

Fischkutter
ist eine für den Fischfang gebaute zweimastige Smack, zunächst aus Holz und später aus Stahl.

Flecken
werden Orte mit einem Gewerbebesatz genannt, die ein eingeschränktes Stadtrecht erhalten.

Fleet (Fleth)
ist ein künstlicher Entwässerungsgraben im Binnendeichsland. Nach dem Bau der → Deiche war das → Binnenland von der natürlichen → Entwässerung abgeschnitten. Die Fleete führen das Wasser durch eine → Schleuse bzw. einen Siel Richtung Meer ab.

Flett
ist die Bezeichnung für den querliegenden, offenen Teil des Hauses im niederdeutschen → Fachhallenhaus. Hier befindet sich die Herdstelle. Die beiden Enden dienen als Essplatz und Arbeitsplatz. An das Flett grenzt der Stall-

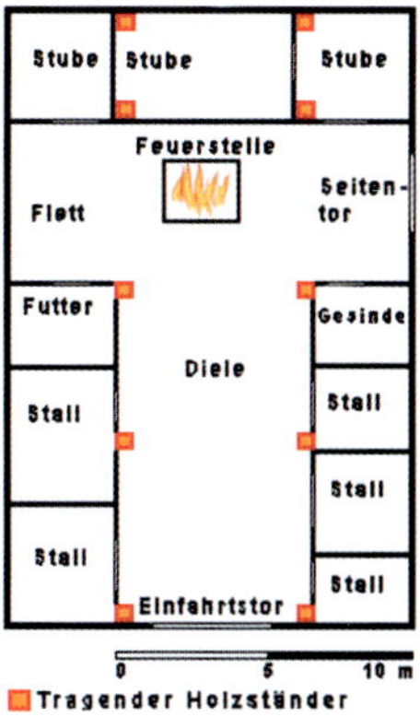

teil mit der langen, früher sehr breiten Diele in der Mitte und seit der Neuzeit das Wohnfach an. Jetzt konnte man vom Herd im Flett aus auch den → Bilegger in der → Döns betreiben. Später wurden die Fachhallenhäuser gleich mit dem separaten Wohnfach errichtet.

Flunder

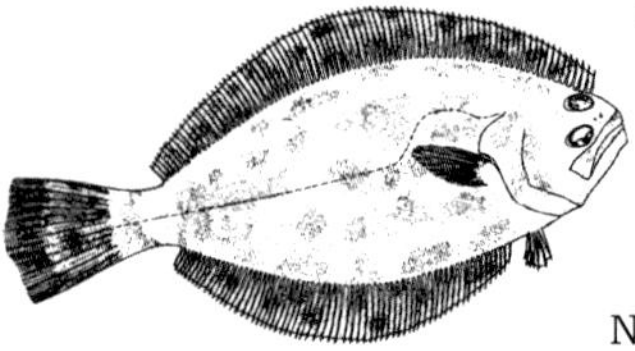

Die bis zu 55 Zentimeter lange Flunder ist ein Plattfisch und heißt an der Ostseeküste auch Strufbutt, an der Nordseeküste (→ Nordsee) Wattbutt, Elbbutt, Weserbutt oder einfach → Butt.

Nachts gehen Flundern auf Nahrungssuche, tagsüber liegen sie gerne getarnt im Sandgrund vergraben, sodass nur die beiden rechtsseitigen Augen herausblicken.

Flunsch

ist die typische, verzogene Mundstellung eines enttäuschten Menschen.

Flut

ist das Ansteigen des Wasserspiegels infolge der → Gezeiten. Dies ist an der → Nordsee und den gezeitenabhängigen Flüssen sehr stark mit einem teils mehrere Meter messenden Tidenhub, an der → Ostsee hingegen nur schwach ausgeprägt (→ Ebbe, → Sturmflut, → Tide).

Fock

ist die Bezeichnung für das vordere Segel, das vom Bug oder dem nach vorne verlängerten Bugspriet aus zur Mastspitze reicht. Bei Schiffen mit zwei oder mehreren Masten gibt dieses Segel dem ersten Mast den Namen: Fockmast.

Föhr von oben

Föhr
ist eine nordfriesische Insel mit 82 Quadratkilometern Fläche, einer Länge von 12 Kilometern und einer Breite von 7 Kilometern. Als fruchtbare Marscheninsel (→ Marsch) wurde Föhr – im Gegensatz zum benachbarten → Amrum und → Sylt – für seine Landwirtschaft bekannt. Auch viele Seefahrer und Walfänger stammten von Föhr. Im Jahr 1819 kam mit der Einrichtung eines Seebads in Wyk und dem Tourismus ein neuer Wirtschaftszweig auf die Insel. Föhr ist mit einer Autofähre von Dagebüll zu erreichen.

Förde
Als Förde wird eine langgestreckt ins Land reichende, meist enge Meeresbucht bezeichnet (Fjord). Bekannt sind die Kieler und Flensburger Förde sowie die → Schlei.

Freilichtmuseum Molfsee

Förtchen
ist ein Kaffeegebäck. Auch Futtjens genannt, wird es in speziellen kleinen runden Formen gebacken. Es besteht aus Mehl, Milch, Butter, Eiern, Zucker und Zitrone und kann auch gefüllt werden.

Freilichtmuseum Molfsee
Nahe Kiel, in Molfsee, steht das größte Freilichtmuseum Norddeutschlands. Auf einem Gelände von 40 Hektar dokumentieren mehr als 60 Bauernhäuser, → Katen, Scheunen, → Windmühlen oder andere original erhaltene historische Gebäude die ländlich-agrarische Geschichte Schleswig-Holsteins. Auch eine Apotheke, ein Kräutergarten sowie ein Backhaus von 1850 sind zu besichtigen. Darüber hinaus dokumentieren Geräte, Spielzeug, Werkzeuge, Möbel und Maschinen das Alltagsleben vergangener Jahrhunderte. Seit 2013 ist in Molfsee auch das Landesmuseum für Volkskunde angesiedelt.

Fresenhof

ist ein Anwesen in Bohmstedt bei Husum, das der Sänger und Liedermacher Knut Kiesewetter (1941–2016) in den 1970er Jahren erwarb. Dort produzierte er mehr als 50 Schallplatten. Für die Platte »Leeder vun mien Fresenhof« erhielt er 1976 eine Goldene Schallplatte.

Friedhof der Namenlosen

ist ein Begräbnisplatz für angeschwemmte, unbekannte → Strandleichen (auch als »Friedhof der Heimatlosen« bezeichnet). Bis ins 20. Jahrhundert hinein war es häufig schwierig, Strandleichen zu identifizieren. Aber nur getaufte Christen durften zunächst auf den Kirchhöfen beigesetzt werden. Zunächst begrub man unbekannte Strandleichen in den → Dünen oder in abseitigen Ecken am Friedhof. Mit dem aufkommenden Seebäderwesen an der Küste galt dies als wenig pietätvoll, auch rückten dabei hygienische Fragen immer stärker ins Blickfeld. So richtete man spezielle Namenlosen-Friedhöfe ein – vor allem an der Nordseeküste (→ Nordsee), wo Schiffbrüche wegen des unsicheren Fahrwassers häufig vorkamen. Die bekanntesten unter ihnen sind heute Touristenattraktionen. In Schleswig-Holstein liegen sie in Westerland auf → Sylt, in Nebel auf → Amrum, auf → Pellworm sowie auf der zu Hamburg gehörenden Insel Neuwerk in der Elbmündung. Auf der Süddüne (Badedüne) von → Helgoland befindet sich ebenfalls ein Namenlosen-Friedhof.

Friedrichsruh

liegt im Sachsenwald (Kreis Herzogtum Lauenburg) und ist der Sitz der Familie des ehe-

Friedrichsruh

maligen Reichskanzlers Otto von Bismarck, der im dortigen, 1899 errichteten Mausoleum begraben ist. Darüber hinaus erinnern ein Bismarck-Museum im Landhaus Friedrichsruh sowie eine Dauerausstellung zu Bismarck und seiner Zeit im historischen Bahnhofsgebäude an den ehemaligen Reichskanzler.

Friesen

leben als Bevölkerungsgruppen an der deutschen und niederländischen Nordseeküste (→ Nordsee). Den natürlichen Gegebenheiten entsprechend, verstanden sie sich auf den Bau von → Deichen und lebten zunächst von Landwirtschaft und Heringsfischerei, später vom → Walfang und der Handelsschifffahrt. Bis heute haben Teile der Bevölkerung ihre eigene Sprache (→ Friesisch).

Friesennerz

ist eine gelbe Wendejacke mit Kapuze, großen Taschen mit Klappen, verdecktem Reißverschluss und blauem Futter. Sie ist mit einer Kautschukschicht (heute PVC) beschichtet und wurde ursprünglich 1968 in einem kleinen dänischen Ort entworfen. Der Friesennerz gilt als klassische Jacke gegenüber dem häufig nasskalten Wetter an der Nordseeküste (→ Nordsee).

Friesisch

ist die Sprache der → Friesen und eine eigene Sprache, kein plattdeutscher Dialekt. Es wird nur noch gelegentlich in Teilen von → Nordfriesland, auf den nordfriesischen Inseln und den → Halligen gesprochen. Das → Nordfriesische Institut in Bredstedt erforscht seit 1965 die friesische Sprache, Geschichte und Kultur.

Galionsfigur der HMS Victory (1765)

Gaffel
ist bei Segelschiffen das obere, am Mast befestigte Holz (auch: Gaffelbaum), an dem das Gaffelsegel der →Kutter angeschlagen ist. Heute werden diese zumeist ersetzt durch hochgetakelte, nun dreieckige Segel.

Galionsfigur
ist eine meist aus Holz geschnitzte Figur am Bug eines Schiffes. Sie soll den Kurs des Schiffes behüten und vor Unheil bewahren.

Garten der Schmetterlinge
In den historischen Gewächshäusern des früheren Reichskanzlers Otto von Bismarck in → Friedrichsruh im Sachsenwald gründete die Familie Bismarck 1988 einen Schmetterlingszoo. Dort sind in einem Teil des Schlossparks über 40 Schmetterlingsarten aus unterschiedlichen Ländern und Kontinenten in teils tropischer Farbenpracht zu sehen.

Gau
ist die Bezeichnung für Gerichts- und Verwaltungsbezirke der nordelbischen Sachsen (Holsaten, Stormarner, → Dithmarscher) im frühen und hohen Mittelalter.

Gedöns
ist die Bezeichnung für unnützes Zeug.

Geest
Im Gegensatz zur →Marsch an der Westküste und dem →Hügelland im Osten bildet die Geest den mittleren Landesteil Schleswig-Holsteins. Sie wird unterteilt in Hohe und Niedere

Geest (→ Hohe Geest). In der Zeit vor Einführung des Kunstdüngers galt die Geest wegen ihres eher unfruchtbaren Bodens als landwirtschaftlich minderwertig. Der Name leitet sich ab von güst, was trocken bedeutet.

Geschlechter

ist der Name für sogenannten Schwurgemeinschaften in → Dithmarschen. Es sind Gemeinschaften, die → Deichbau, Landgewinnung und Landwirtschaft betrieben und sich auch sonst gegenseitig unterstützten, zum Beispiel gegen Feinde (→ Geschlechterfriedhof).

Geschlechterfriedhof

Als Geschlechterfriedhof wird der in der Gemeinde Lunden an der St. Laurentiuskirche gelegene historische Friedhof bezeichnet. Von den Begräbnisstätten reicher Dithmarscher Bauernfamilien (→ Geschlechter) haben sich hier reich verzierte Grabplatten und Stelen (aufrecht stehende Grabsteine) aus Sandstein erhalten. Eine Besonderheit der Anlage sind die gemauerten, teils begehbaren Grabkeller aus dem 15. bis 17. Jahrhundert, in denen die Särge aufgestellt wurden.

Gezeiten

wird das regelmäßige Wechselspiel zwischen → Ebbe und → Flut genannt, niederdeutsch → Tide.

Gorch Fock

ist der Name mehrerer Schiffe der deutschen Marine seit 1917. Die heutige Gorch Fock mit Heimathafen Kiel wurde 1958 gebaut und wird

Gorch Fock bei voller Fahrt

als Segelschulschiff genutzt. Die Schiffe wurden nach dem gleichnamigen Schriftsteller benannt, dessen eigentlicher Name Johann Wilhelm Kinau lautet.

Gottorf

Schloss Gottorf bei Schleswig gehörte seit dem hohen Mittelalter den schleswig-holsteinischen Landesherren. Sein heutiges Aussehen erhielt es im 16. und 17. Jahrhundert. Das Schloss war seit 1721 eine dänische, dann seit 1867 eine preußische Kaserne und wurde erst nach 1945 das wichtigste kulturhistorische Museum des Landes. Es beherbergt die historischen Sammlungen des Landes Schleswig-Holstein.

Schloss Gottorf aus der Luft

Gottorfer Globus

Der Gottorfer Globus ist ein begehbarer Globus, der innen einen Sternenhimmel mit den bekannten Sternzeichen und außen mit Ölfarben die im 17. Jahrhundert bekannte Erde zeigt. Das Original entstand ab 1651 und wurde durch Wasser mithilfe eines komplizierten Räderwerks angetrieben. Das Original befindet sich seit 1711, mittlerweile durch einen Brand schwer beschädigt, in St. Petersburg. Der heutige Gottorfer Globus im neu erbauten, modernen Globushaus im rekonstruierten »Neuwerker Garten« ist eine originalgetreue Nachbildung.

Graswarder

ist mit seinen Strandvillen eines der bekanntesten Bildmotive der schleswig-holsteinischen Ostseeküste (→ Ostsee). Es handelt sich um eine Nehrungslandschaft (→ Nehrung) bei Heiligenhafen (Ostholstein).

Gottorfer Globus

Ursprünglich eine Insel, ist der Graswarder seit Mitte der 1950er Jahre aufgrund von Verschlickungen und Dammbauten zur Halbinsel geworden. Seit der Zeit vor dem Ersten Weltkrieg ist er Bauplatz einer langen Reihe von Sommervillen, die im sogenannten Heimatstil errichtet wurden und heute unter Denkmalschutz stehen. Das Gebiet südlich der Sommervillen, das eigentliche Nehrungsgebiet, ist Brut- und Rastplatz zahlreicher Seevogelarten und steht unter Naturschutz. Berühmt geworden ist der 2007 errichtete hölzerne Aussichtsturm auf dem Graswarder, der von dem Hamburger Architekten Meinhard von Gerkan entworfen wurde. Literarisch wird der Graswarder in Theodor → Storms in Heiligenhafen spielenden Novelle »Hans und Heinz Kirch« thematisiert.

Strandvillen auf der Halbinsel Graswarder vor Heiligenhafen

Grönlandfahrt
Vom 17. bis ins 19. Jahrhundert spielte der Walfang im Nordpolarmeer für → Nordfriesland eine bedeutende Rolle. Wirtschaftliche Krisenzeiten brachten viele Männer dazu, auf niederländischen Grönlandfahrern anzuheuern. Auch von Hamburg, Altona und Glückstadt starteten Walfangschiffe. Sie setzten sich lebensgefährlichen Verhältnissen aus, brachten aber auch dank der guten Entlohnung Reichtum in die Region. Auf den Kirchhöfen der nordfriesischen Inseln → Amrum und → Föhr erinnern kunstvoll gestaltete Grabsteine an bedeutende Grönlandfahrer.

200 ml	Wasser
4 cl	Rum (54%)
3 TL	Zucker, braun

Grog
ist ein alkoholisches Heißgetränk, das schon im 17. Jahrhundert als »Grogg« in der Karibik getrunken wurde: Rum mit Wasser im Verhältnis etwa 1:4 verdünnt. Die angebliche Erfindung durch den englischen Vize-Admiral Edward Vernon (Spitzname: Old Grog – wegen seines wärmenden Umhangs aus Wolle und Seide, dem Grogram) gilt mittlerweile als Legende: Ihm drohte 1740 die tägliche Rum-Ration für seine Schiffsmannschaft auszugehen und er habe daher eine Verdünnung mit heißem Wasser befohlen. Eine Grog-Variante ist der in → Dithmarschen und → Nordfriesland beliebte Eiergrog, eine Mischung aus schaumig geschlagenem Eigelb, Zucker, Rum und heißem Wasser.

Grootdör
ist die breit ausladende Tür im Wirtschaftsteil des Bauernhauses. Sie dient dazu, Pferd und Wagen in die »Deel«, die Tenne, zu fahren, um dort aus- und abzuladen.

Großer Hans

auch Groter Hans genannt, ist eine Teigspezialität, die in Schleswig-Holstein in unterschiedlichen Varianten bekannt ist. Vielfach wird er auch der »Kleine Bruder des → Mehlbeutels« genannt. Ursprünglich wurde der Teig aus altbackenem Brot hergestellt und mit süßen oder herzhaften Beilagen gereicht. Gekocht wird er im Leinenbeutel in heißem Wasser.

4 Eier
500 g Grieß
1/2 L Milch
Vanillezucker, Backpulver und 1 Prise Salz

Großer Ratzeburger See

Dieser 14,07 Quadratkilometer große See liegt nördlich der Stadt Ratzeburg. Er hat eine Länge von neun Kilometern und eine größte Breite von 1,74 Kilometern. Der nördliche Teil des östlichen Seeufers war zu Zeiten des geteilten Deutschlands Teil der innerdeutschen Grenze.

Großer Ratzeburger See

Großstadt

Schleswig-Holstein besitzt zwei Großstädte (Städte über 100 000 Einwohner): Kiel als Landeshauptstadt hat knapp 250 000, Lübeck etwa 220 000 Einwohner.

Growian

war lange Zeit die größte Windkraftanlage der Welt. Sie wurde in den 1980er Jahren im

Kaiser-Wilhelm-Koog (→ Koog) bei Marne für den Testbetrieb errichtet. 1983 eröffnet, wurde schon 1987 der Betrieb wieder eingestellt. 1988 wurde der Growian abgerissen.

Grüne Küstenstraße

Die Grüne Küstenstraße ist Teil einer touristischen Autoroute zwischen Belgien und → Dänemark. In Schleswig-Holstein kommt sie bei Glückstadt über die → Elbe und zieht sich im Westen des Landes auf Bundesstraßen durch die Kreise Steinburg, → Dithmarschen und → Nordfriesland.

Grünkohl

ist ein deftiges Kohlgericht, das in Norddeutschland Tradition hat. Die meist dunkelgrünen, gekrausten Blätter bilden einen Kohlkopf. Eine »Arbeitsgruppe zur Grünkohlforschung« spricht von mehr als 50 verschiedenen existierenden Sorten. Erst nach dem ersten Frost sind die Blätter genießbar. Der Klassiker ist Grünkohl mit Kartoffeln und → Grützwurst, einer stark geräucherten und würzig schmeckenden Wurst aus Schweinefleisch sowie Bauchspeck. Das Gemüse enthält besonders viel Vitamin C. Mittlerweile wird Grünkohl auch als Salat und in vielen anderen Varianten zubereitet.

Grützwurst

beinhaltet heute meist Schweinefleisch, Hafergrütze und Gewürze sowie gegebenenfalls Blut und Rosinen. Ursprünglich entstand die Grützwurst im Zuge der Resteverwertung beim Schweineschlachten.

Grünkohl mit Kassler, Grützwurst und Salzkartoffeln

Gulfhaus der Elbmarschen
ist eine von holländischen Siedlern mitgebrachte Bauform eines sehr großen Bauernhauses, in dem Menschen und Tiere unter einem Reetdach (→ Reet) lebten. Es ist verwandt mit dem → Haubarg an der Westküste. Den baulichen Kern bildet ein großer Vierkant.

Gut/Gutsherrschaft
→ Adeliges Gut, → Herrenhaus

Haithabu

(schwedisch: Hetheby) ist der alte Name einer bereits um 900 angelegten Handelsstadt am Ende der → Schlei am Haddebyer Noor. Seine Bewohner kamen aus verschiedenen Völkern, die hier als Händler und Handwerker tätig waren: Sachsen, → Friesen, Slawen und Skandinavier. Im 11. Jahrhundert wurde es durch die Stadt Schleswig, die am Nordufer der Schlei gegründet wurde, abgelöst. Vor dem mächtigen, halbkreisförmigen Stadtwall wurde 1985 das → Wikingermuseum eröffnet.

Wikingerdorf Haithabu

Halligen

sind kleine Marschinseln (→ Marsch) in → Nordfriesland, die mehrmals im Jahr vom Meer überschwemmt werden. Vor der nordfriesischen Küste liegen zehn Halligen: Gröde, Hooge, Langeness, Nordstrandischmoor, Oland, Hamburger Hallig, Habel, Norderoog, Süderoog und Südfall. Auf künstlich angelegten Hügeln von vier bis sechs Metern Höhe, den → Warf-

Halligwarft während einer Sturmflut, Alexander Eckener, 1906

ten, liegen Höfe und Ansiedlungen von Häusern. Diese Anwesen sind dadurch auch bei schweren → Sturmfluten vor Überschwemmungen geschützt. Nur einige Halligen sind bewohnt. Südfall und Norderoog wurden verlassen, Norderoog wird heute die »Vogelhallig« genannt. Bei Südfall soll der sagenumwobene Ort Rungholt einst versunken sein. Die größte der Halligen ist Langeness mit 18 Warften und einer Fläche von 960 Hektar. Für Tagesbesuche ist die Hallig Hooge beliebt. Oland ist von Dagebüll über einen Damm zu erreichen. Die Halligen stellen eine einzigartige Kulturlandschaft dar, die durch die Stiftung Nordfriesische Halligen seit 1990 gefördert und gepflegt wird. Die regelmäßigen Überflutungen schaffen Lebensräume für seltene Pflanzen und Tiere. Auch haben die vorgelagerten Halligen große Bedeutung für die Sicherung des Festlands gegen → Sturmfluten.

Halunder
nennen die Helgoländer ihren ganz eigenen friesischen Dialekt (→ Friesisch).

Hamburger Speckgürtel
wird das → Hamburger Umland genannt, weil sich hier besonders wohlhabende Einwohner »im Grünen« angesiedelt haben (→ Metropolregion).

Hamburger Umland
Im engeren Sinn gehören in Schleswig-Holstein die vier Kreise Pinneberg, Segeberg, Stormarn und Herzogtum Lauenburg zum Hamburger Umland. Sie grenzen direkt an die → Großstadt (der Kreis Segeberg nur mit der Stadt Norderstedt). Diese Definition basiert auf der Raumplanung nach dem Zweiten Weltkrieg, die genannten Kreise schlossen sich 1960 wegen ihrer verwandten Probleme zu einer Arbeitsgemeinschaft zusammen. Später kam auch der Begriff »Speckgürtel« (→ Hamburger Speckgürtel) für diesen Bereich auf, weil er sich seit den 1960er Jahren rasch zu einer wohlhabenden Region mit hohem Wohn- und Freizeitwert entwickelte. Das Hamburger Umland ist heute planungstechnisch in die → Metropolregion Hamburg integriert, die weitere Städte und Kreise umfasst.

Hamburg und sein Umland

Handeule, Handuul

wird der Kehrbesen genannt.

Hansa-Park

ist einer der größten deutschen Freizeitparks und liegt in Sierksdorf an der → Ostsee (Kreis Ostholstein). Das Gelände umfasst 460 000 Quadratmeter für mehr als eine Million Besucher pro Jahr. Unter Themenfeldern wie Abenteuerland, Alter Jahrmarkt, Nervenkitzel oder Wikingerland finden sich diverse Fahrgeschäfte, Shows und andere Attraktionen.

Der Rasende Roland im Hansa-Park

Hanse

Die Hanse ist ein Städte- bzw. Kaufleutebund, der im Spätmittelalter entstand und der dem Warenaustausch diente. Als »Hauptstadt« der Hanse galt die damals selbstständige Freie Hansestadt Lübeck, von der aus ein verzweigtes Handelsgeflecht mit Privilegien und weiteren Städten (unter anderem Wismar, Rostock, Danzig, Riga, Tallin) im Ostseeraum (→ Ostsee) entstand. Später wurde Hamburg immer wichtiger. Das 2016 eröffnete Hansemuseum in Lübeck dokumentiert Aufstieg und Niedergang der Hanse.

Hansemuseum

→ Hanse

Harde

Dieser heute noch in topografischen Bezeichnungen erhaltene Begriff meint einen landesherrlichen Verwaltungs- und Gerichtsbezirk

Hansemuseum in Lübeck

im einstigen Herzogtum Schleswig. Die Harden wurden 1888 aufgelöst und durch Amtsbezirke (→ Amt) ersetzt.

Haseldorfer Marsch

ist Teil der Elbmarschen (→ Marsch) und bezeichnete ursprünglich zur Zeit der Vogtei Haseldorf deren gesamten südlichen Teil. Heute wird der Begriff auf das Gebiet zwischen dem Geestrand (→ Geest) bei Wedel und der Pinnau als Haseldorfer Marsch bezeichnet. Bekannt ist das Herrenhaus Haseldorf. Verbreitet war in der Haseldorfer Marsch unter anderem das Handwerk der → Bandreißer.

Haubarge

sind große Bauernhäuser, die Anfang des 16. Jahrhunderts auf der Halbinsel → Eiderstedt entstanden. Diese Landschaft war damals aufgrund ständiger Überflutungen nur schwer besiedelbar. Ostfriesen (→ Friesen) und Hol-

Carta Marina: die Handelsrouten der Hanse auf der frühesten Landkarte Nordeuropas von 1539

EIS·CONTENTARVM·DILIGENTISSIME ELABORATA
ANNO DNI 1539
OCEANVS SCITHICVS
FINMARCHIA
SCRICFINIA
BIARMIA
LAPPIA
LAPPIA
MARE BOTNICV
BOTNIA OCCIDENTALIS
BOTNIA ORIENTALIS
CARELIA
SVECIA
MARE SVETICVM
FINLANDIA VEL
MARE FINONICVM
MOSCOVIE PARS
LIVONIA AQVILONARIS
RVSSIA ALBA
MARE LIVOICVM
LIVONIA AVSTRALIS
RVSIA
CVRETES
SAMOGETHIA
LITVANIE PARS
GOTHIA
MARE GOTICVM
MERIDIES

Reetgedeckter Haubarg bei Eiderstedt

länder errichteten auf Altwarften die ersten Haubarge. Der Name wurde von dem Begriff Heubergen abgeleitet. Wegen der vorgegebenen Grundfläche der → Warften musste windsicher und flächensparend gebaut werden. Um einen Vierkant, der das gesamte Dach trug, gruppierten sich Wohnbereich, Stallungen und Bergeraum für Getreide und Stroh. Aus der fast quadratischen Urform entwickelten sich später große Bauernhäuser mit zum Teil mehr als 1000 Quadratmetern Grundfläche und einer Dachfläche von mehr als 1400 Quadratmetern. Diese Haubarge gelten als die größten Bauernhäuser der Welt. Von den ursprünglich 400 Haubargen auf Eiderstedt sind heute nur noch rund 10 Prozent erhalten (→ Roter Haubarg).

Hauke-Haien-Koog

Dieser → Koog wurde 1959 fertiggestellt und nach einer literarischen Figur aus Theodor → Storms Novelle → »Der Schimmelreiter« benannt. Er liegt in → Nordfriesland zwischen Ockholm und Fahretoft und umfasst auch den Hafen Schlüttsiel.

heischen

meint ein nachdrückliches bis aggressives Bitten und Betteln.

Helgoland

ist eine Felseninsel in der → Nordsee, kleiner als einen Quadratkilometer und knapp 50 Kilometer vom Festland entfernt. Die ursprünglich größere Insel zerbrach 1721. Seitdem existiert die als Süddüne (→ Düne) bezeichnete, vorgelagerte Nebeninsel, die heute als Badedüne genutzt wird. Von 1807 bis 1890 war Helgoland in britischem Besitz, bevor es an das Deutsche Kaiserreich im Tausch gegen Kolonialrechte in Afrika zurückging. Der 2,9 Kilometer lange Klippenrandweg eröffnet den Blick auf ungewöhnliche Felsengebilde, die → Lange Anna, Mörmers Horn oder Seehundhörn heißen – sowie den Lummenfelsen. Helgoland gehört heute zum schleswig-holsteinischen Kreis Pinneberg. Die autofreie

Helgoland-Postkarte, ca. 1890

Insel hat eine berühmte Vogelwarte, bekannt ist auch die Biologische Anstalt.

Hemmingstedt, Schlacht bei
ist ein besonderes Ereignis in der Geschichte → Dithmarschens. Am 17. Februar 1500 besiegten die Dithmarscher, unter anderem durch den Bau einer Schanze und Flutung des Schlachtfelds, ein Heer holsteinischer Ritter sowie die Landsknechte der »Schwarzen Garde« unter dem Befehl von König Johann von Dänemark und Herzog Friedrich von Gottorf.

Heringe

sind wandernde Schwarmfische. Regelmäßig suchen sie bestimmte Gebiete in → Nord- und → Ostsee auf. Schon Quellen aus dem 10. Jahrhundert bezeugen, dass der Hering in der Ernährung der Bewohner Schleswig-Holsteins eine besondere Rolle spielte. Seit dem 12. Jahrhundert wurde der Hering auch eingesalzen nach Süden exportiert. In der → Schlei hatte man im 16. und 17. Jahrhundert im großen Stil Heringsfangzäune angelegt. Diese bis zu 300 Meter langen, überdimensional großen, aus Flechtzäunen geschaffenen Trichter leiteten die Heringsschwärme direkt in einen Netzsack, aus dem sie nicht mehr zurückkamen. In Kappeln unter der alten Brücke ist der letzte Heringszaun, der »Ellenberger Heringszaun«, erhalten. Seit 1979 steht er im Mittelpunkt der alljährlichen Kappelner Heringstage und der → Heringswette (→ Matjes).

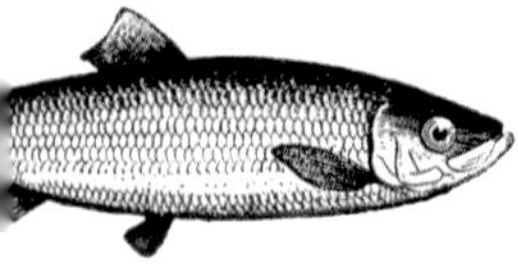

Heringswette

Die Heringswette findet traditionell im Zuge der Kappelner Heringstage in Kappeln an der → Schlei statt. Es geht darum, das Gewicht des Heringsfangs zu schätzen. Der Sieger wird Heringskönig. Die Wetteinsätze kommen dem Erhalt des letzten funktionstüchtigen Heringzauns in Europa zugute.

Herrenhaus

Herrenhäuser zählen in Schleswig-Holstein zu den bemerkenswertesten Zeugnissen der Architektur. Während die Bauten der Landesherren meist als Schlösser bezeichnet werden (→ Gottorf), wurden die Sitze des Adels

Herrenhaus Gut Pronstorf

und wohlhabender Gutsbesitzer Herrenhaus genannt. Über Jahrhunderte hinweg demonstrierten und lebten sie hier ihren Reichtum und ihre Macht. Die Herrenhäuser konnten schlossähnlichen Charakter annehmen und zeichneten sich durch eine architektonische

Verbindung mit den Wirtschaftsgebäuden aus. Gegen Ende des Mittelalters hatte im Land eine enorme Bevölkerungszunahme eingesetzt, die den Bedarf an Lebensmitteln und insbesondere an Agrarprodukten erheblich steigerte. Je größer der Grundbesitz, desto höhere Gewinne konnten durch gesteigerte Produktion erzielt werden. Zur Zeit der Reformation entstand daher aus so mancher Klosteranlage eine zusätzliche Gutsanlage.
Viele der im 16. Jahrhundert errichteten Herrenhäuser wichen später Neubauten, bis zu 90 Prozent der heutigen Herrenhäuser entstanden im 17. und 18. Jahrhundert. In ihnen fand der enorme Reichtum, über den der Land besitzende Adel verfügte, auch künstlerisch und handwerklich seinen Ausdruck. Die Erhaltung der riesigen Gebäudekomplexe ist vielfach ohne staatliche Hilfe nicht zu bewältigen. 90 der ungefähr 135 existierenden wichtigen kulturellen Zeugnisse in Schleswig-Holstein stehen heute unter Denkmalschutz. Von diesen spiegeln immerhin 60 als Gesamtanlagen ihr ursprüngliches Gesicht. Die Anlagen zu restaurieren, zu erhalten und zu nutzen oder umzunutzen, ist eine wichtige kulturelle Aufgabe des Landes.

Herzogtümer

ist ein für die Geschichte des Landes zentraler Begriff. Er meint die miteinander verbundenen Territorien → Schleswig im Norden und → Holstein im Süden. Ab 1815 kam Lauenburg im Südosten hinzu. Sie bilden die Grundlage des heutigen Bundeslands Schleswig-Holstein.

Junger Seehund

Heuler

sind junge → Seehunde, die den Kontakt zu ihrer Mutter verloren haben. Sie stoßen klagende Laute aus, mit denen sie versuchen, die Mutter wiederzufinden. Nur dauerhaft von der Mutter getrennte junge Seehunde in den ersten Lebenswochen werden als Heuler bezeichnet. Das Heulen ist ein normaler Kontaktlaut des Jungtiers, mit dem es seine Mutter ruft. Verlassene Heuler werden in der Aufzuchtstation Friedrichskoog aufgepäppelt und im Sommer wieder ausgewildert.

Hilligenlei

wurde bekannt durch den 1905 erschienenen gleichnamigen Roman des niederdeutschen Schriftstellers Gustav Frenssen. Der Begriff bezeichnet ursprünglich eine → Warft auf der Hallig Langeness (→ Halligen). Der Name bedeutet Heiliges Land. Auch ein nordfriesisches Fährschiff trägt diesen Namen.

Hindenburgdamm

heißt der Eisenbahndamm, der die Insel → Sylt mit dem Festland verbindet. Er erhielt

Hindenburgdamm

seinen Namen durch den damaligen Reichspräsidenten Hindenburg, der die Einweihung am 1. Juni 1927 vollzog. Der rund 11 Kilometer lange Damm gilt als »Jahrhundertbauwerk«, dessen Bauzeit etliche Jahre dauerte, 1923 wurde ein Damm-Rohbau durch eine → Sturmflut stark beschädigt. Neben Personenzügen fahren über den Damm Autozüge von Niebüll nach Westerland. Der Bau einer neuen Verbindung nach Sylt war nicht zuletzt Resultat der Grenzverschiebungen nach dem Ersten Weltkrieg: Die vorherige Fährverbindung von Hoyerschleuse nach Sylt fiel nach der Volksabstimmung von 1920 an → Dänemark.

Hohe Geest

ist die Bezeichnung für einen eiszeitlichen Landrücken im westlichen Schleswig-Holstein, der hinter dem küstennahen → Marschland liegt und die durch Gletschereinflüsse entstandene Moränenlandschaft (→ Moräne) umfasst.

Holländer

Der Begriff Holländer bezeichnete in der Neuzeit denjenigen Angestellten, der auf den Gütern für beispielsweise sechs, neun oder zwölf Jahre die Gutsherde, eine bestimmte Anzahl von Milchkühen, pachtete und dafür eine feste Pachtsumme zahlte. Diese Fachleute für die Produktion von Milch, Butter und Käse stammten ursprünglich aus Holland und wurden daher Holländer genannt, auch wenn sie schon mehrere Generationen in Schleswig-Holstein gelebt hatten. Da die Holländer viele Betriebs- und Produktionsgeheimnisse besaßen, heirateten sie zumeist untereinander, sodass regelrechte Holländer-Dynastien entstanden. Holländerei wird der Wohn- und Betriebshof genannt, an der die Holländerkoppel für den Eigengebrauch des Holländers angrenzte.

Holm

bedeutet »kleine Insel« und ist die Bezeichnung für eine Fischersiedlung in Schleswig. Diese war bis ins 20. Jahrhundert durch das Holmer Noor vom Festland getrennt. Inmit-

Friedhof auf dem Holm in Schleswig

ten der Siedlung liegt ein kleiner Friedhof mit Kapelle. Die umliegenden Fischerhäuser sind alle mit direktem Zugang zum Wasser gebaut, um in der Vergangenheit eine optimale Fischverarbeitung zu gewährleisten.

Holstein

Der Name des südlichen Landesteils von Schleswig-Holstein leitet sich vom Stamm der erstmals Ende des 11. Jahrhunderts genannten Holsaten (Holsten) ab. Dies war ein sächsischer Stamm, der im mittleren Teil des heutigen Holsteins siedelte.

Holsteiner Katenschinken

Die Schinkenspezialität entstammt dem Hinterschinken des Schweins. Das gepökelte Fleisch kommt maximal acht Wochen in den Katenrauch (→ Katen). Der Holsteiner Katenschinken ist seit der Zeit um 1600 bekannt.

Holsteinische Schweiz

heißt die Hügel- und Seenlandschaft um den Plöner See zwischen Preetz und Eutin mit den Hauptorten Eutin, Malente und Plön. Geografen nennen sie die Holsteinische Seenplatte, da sie mehr als 100 Seen in einer hügeligen Moränenlandschaft (→ Moräne) beherbergt. Den Namen »Schweiz« verdankt die Landschaft dem Hotelier Johannes Janus, der seinem 1885 am Kellersee eröffneten Hotel den Namen gab und auch die anliegende Bahnstation entsprechend benannte. »Schweiz« war damals ein Synonym für eine abwechslungsreiche, pittoreske Landschaft nach dem gleichnamigen, nicht zuletzt aus der Malerei bekannt gewordenen Vorbild (im Südosten Schleswig-Holsteins gibt es auch die »Stormarner Schweiz«). Die Schlösser von Plön und Eutin sowie etliche stattliche Herrenhäuser bereichern die Landschaft.

Holstentor
ist das Wahrzeichen der Stadt Lübeck. Als Symbol für die mittelalterlichen, mit Mauern umgebenen Städte wurde das Lübecker Holstentor auf Briefmarken, auf dem Fünfzigmarkschein und zuletzt auf der Zweieuromünze von 2006 (für das Bundesland Schleswig-Holstein) abgebildet.

Holstentor in Lübeck

Hügelland
ist der Name für den östlichen Streifen von Schleswig-Holstein. Es ist ein auch von vielen Seen geprägtes Jungmoränengebiet (→ Moräne), das in der Weichsel-Eiszeit geformt wurde.

Holsteinische Schweiz in voller Rapsblütenpracht

Hünengräber
sind Bestattungsorte, die etwa 5500 Jahre alt sind. Sie gelten als die ältesten erhaltenen Grabbauten. Da die bis zu acht Meter emporragenden Erdhügel sehr stattlich wirken, herrschte in frühen Zeiten der Glaube vor, es seien Riesen, also »Hünen« gewesen, die dort bestattet liegen. Tatsächlich wurden die Toten in hölzernen Baumsärgen bestattet und mit Erde und Rasen bedeckt. Bei neuen Todesfällen wurden weitere Särge hinzugefügt und erneut mit Erde aufgeworfen. So erklärt sich die Höhe der Erhebungen. Umrandet wurden die Hügel mit → Findlingen. Der Name »Megalithgräber« leitet sich nicht von den Randsteinen ab, sondern von den Träger- und Decksteinen der ältesten Hünengräber. Viele sind heute mit Bäumen bewachsen. Bei Ausgrabungen fand man Grabbeigaben wie Waffen oder Schmuck.

Freigelegtes Großsteingrab mit seitlichem Zugang

Hüttener Berge

Der Naturpark Hüttener Berge zwischen Ekkernförde, Rendsburg und Schleswig ist der am weitesten nördlich gelegene Naturpark. Die Anhöhen im nördlichen Teil sind bis zu 106 Meter hoch. Im Mittelalter war der Ort Hütten Sitz einer Glashütte, die den damals noch ausgedehnten Baumbestand zur Glasherstellung benötigte.

Hymne

Das Schleswig-Holstein-Lied ist die inoffizielle Landeshymne. Unter dem Titel: »Wanke nicht, mein Vaterland« wurde sie 1844 beim Schleswiger Sängerfest vorgestellt. Der Text stammt von Matthäus Friedrich Chemnitz, die Melodie von Kantor Carl Gottlieb Bellmann. Besser bekannt ist das Lied heute unter dem Titel: »Schleswig-Holstein meerumschlungen«.

Flensburg, Denkmal des Idstedt-Löwen, errichtet 1862

Idstedt-Löwe

Der monumentale Idstedt-Löwe wurde zur Erinnerung an den Sieg der Dänen in der Schlacht bei Idstedt am 25. Juli 1850 von dem dänischen Bildhauer H. W. Bissen als Bronzefigur geschaffen und auf dem Alten Friedhof in Flensburg aufgestellt. Von der deutschen Bevölkerung als Provokation empfunden, haben die Preußen nach dem Sieg im zweiten → Deutsch-Dänischen Krieg 1864 den Löwen 1867 als Kriegstrophäe nach Berlin geschafft. 1945 wurde er nach Kopenhagen gebracht und im Hof des Zeughausmuseums aufgestellt. Seit wenigen Jahren steht er nun wieder auf dem Alten Friedhof in Flensburg und gilt heute als Symbol der deutsch-dänischen Aussöhnung.

Insten

sind die Angehörigen der unterbäuerlichen Schicht, die als Landarbeiter auf den Gütern und großen Höfen arbeiteten und in → Katen zur Miete wohnten (Instenhäuser). Sie konnten nur einen kleinen → Kohlhof nutzen. Neben kargem Lohn erhielten sie ein materielles Deputat.

Jolle

Jazz Baltica

ist ein Jazzfestival, das seit 1991 in Schleswig-Holstein stattfindet. Ursprünglich auf Gut Salzau angesiedelt, findet das Festival seit 2011 in Niendorf an der → Ostsee (Kreis Ostholstein) statt.

Jöölboom

auch Kenkenboom genannt, ist ein Weihnachtsschmuck, der den Bewohnern auf den nordfriesischen Inseln und → Halligen den Weihnachtsbaum ersetzte. Da echte Nadelbäume erst seit Anfang des 20. Jahrhunderts auf die Inseln verschifft werden, musste man sich früher mit einer Weihnachtsbaumalternative behelfen. In ein kleines Holzgestell wurde ein Kranz aus Buchsbaum oder Efeu eingeflochten. Geschmückt wurde der Jöölboom mit sogenanntem → Kenkentjüch, das heißt: mit Figuren aus Salzteig mit zum Teil symbolischer Bedeutung. Das Wort ist abgeleitet aus dem skandinavischen Wort Jul für Weihnachten.

Jolle

ist ein kleines, sportliches Segelboot mit einem Mast, das keinen ausgeprägten Kiel besitzt (→ Pirat).

Kappelner Heringstage

→ Heringswette

Kaiser-Wilhelm-Kanal

ist die historische Bezeichnung für den heutigen → Nord-Ostsee-Kanal.

Karl-May-Spiele

Seit 1952 ist das Freilichttheater am Kalkberg in Bad Segeberg Anziehungspunkt für junge und alte Fans des Abenteuerschriftstellers Karl May (1842–1912). Jedes Jahr im Sommer werden hier Abenteuergeschichten »frei nach Karl May« inszeniert. Nicht zuletzt die prominente Besetzung der Rolle des Winnetou mit Kino-Stars wie Pierre Brice und Gojko Mitic sorgte immer wieder für zahlreiches Publikum.

Karneval

spielt in Schleswig-Holstein keine sehr große Rolle. Trotzdem gibt es einige Karnevalsverbände, zum Beispiel in Kiel oder Neumünster. Hochburg ist aber Marne, eine Kleinstadt in → Dithmarschen. Hier findet der größte Rosenmontagsumzug Schleswig-Holsteins statt. Dessen ungeachtet hatte der Schriftsteller Theodor → Storm eine Schwäche für das närrischen Treiben:

»O wär im Februar doch auch,
wie's ander Orten ist der Brauch
bei uns die Narrheit zünftig!
Denn wer, so lang das Jahr sich mißt,
nicht einmal herzlich närrisch ist,
wie wäre der zu andrer Frist?
Wohl jemals ganz vernünftig. «

Kate in Bargum

Katen

waren über Jahrhunderte hinweg die häufigsten Bauwerke des Landes. Sie wurden von Kätnern bewohnt, die meist als Hilfskräfte auf größeren Höfen oder Gütern arbeiteten. In ihrer einfachen Form bestanden sie aus einem durch Lehmwände verbundenen Fachwerk mit Reetdach (→ Reet). Typisch sind die kleinen, vielfach gegliederten Sprossenfenster und die niedrigen Räume. Es gibt sie in zwei verschiedenen Formen, als kleine → Fachhallenkaten und als → Wandständerbauten.

Kavenzmann

ist in der Seemannssprache die Bezeichnung für eine Riesenwelle, die dem Schiff und seiner Besatzung gefährlich werden konnte. Sie entsteht durch sich kreuzende Wind- und Wasserströmungen.

Kenkentjüch
ist ein Weihnachtsgebäck aus → Nordfriesland und bedeutet übersetzt »Kinderzeug«. Die Gebäckstücke in Form von Figuren wurden an ein einfaches Holzgestell gehängt und fungierten als Variante zum klassischen Weihnachtsbaum (→ Jöölboom).

Kieler Schloss
war eine Nebenresidenz der Gottorfer Herzöge (→ Gottorf). Während des Zweiten Weltkriegs wurde es zum größten Teil durch einen Brand zerstört und in den 1960er Jahren durch einen Neubau überformt.

Ostflügel des Kieler Schlosses, erbaut 1961

Kieler Sprotten
sind kleine geräucherte Schwarmfische (Breitlinge) mit eine Länge von bis zu 15 Zentimetern. Die Verwandten des → Herings schmecken am besten, wenn sie ganz frisch geräuchert sind. Normalerweise werden nur Kopf und Schwanz entfernt. Sie wurden seit Ende des 19. Jahrhunderts vor allem in Kiel-Ellerbek und Eckernförde angelandet und verarbeitet.

Windjammerparade während der Kieler Woche

Der seit Ende des 18. Jahrhunderts geläufige Name gilt für alle im westlichen Ostseeraum (→ Ostsee) gefangenen Sprotten. Vor dem Ersten Weltkrieg gab es über 60 Räuchereien, die international exportierten und auf deren Holzkisten »Kieler Sprotten« stand. Heute gibt es nur noch wenige Betriebe, die sie vermarkten.

Kieler Woche

Ab 1882 wurden vom Norddeutschen Regatta-Verein in der Kieler → Förde Segelregatten veranstaltet. In dem Jahr, als der deutsche Kaiser Wilhelm II. erstmals teilnahm, 1894, entstand der Begriff »Kieler Woche«. Alsbald wurde sie zum gesellschaftlichen Ereignis und entsprechend umrahmt. Nach dem Zweiten Weltkrieg gewann sie ihren Rang als internationales Sport-, Freizeit- und Gesellschaftsereignis.

Kindelbeer oder Kindelbier

ist das Festessen bei einer Taufe.

Kindervogelschießen
ist ein Fest zum Abschluss des Schuljahres vor Beginn der Sommerferien. In Bad Oldesloe (Kreis Stormarn) ist es als Schulfest seit 1866 nachweisbar und wird bis heute mit einem Festumzug und Wettspielen gefeiert. Dabei wird auf einen hölzernen Vogel geschossen. Durch die Auflösung vieler Schulen ist das Kindervogelschießen teilweise in andere Trägerschaft übergegangen, zum Beispiel Sportvereine.

Kitesurfen
meint das Surfen auf dem Wasser mit einem Lenkdrachen und ist eine Sportart, die an vielen Stränden Schleswig-Holsteins ausgeübt werden kann.

Beliebeter Volkssport: das Kitesurfen

Klabautermann
ist ein Geist, der, wenn er an Bord gesichtet wird, auf den baldigen Untergang des Schiffes verweist.

Klei
ist der ton- und nährstoffreiche Boden in der → Marsch. Er ist durch Schlickablagerungen an der → Nordsee und den gezeitenabhängigen (→ Gezeiten) Flussabschnitten in der Zeit vor dem Bau geschlossener Deichlinien entstanden. Der fruchtbare Kleiboden ist Grundlage für den landwirtschaftlichen Wohlstand in den Marschen gewesen. Klei aus dem Außendeichsbereich ist für den → Deichbau sowie, vor allem im 19. Jahrhundert, für die Ziegelherstellung genutzt worden.

Kliff
wird ein zum Meer abfallender → Steilküstenhang genannt, der sich durch Welleneinwirkung verändern kann. Kliffs gibt es an der Nordseeküste (→ Sylt, → Nordsee), vor allem aber an der → Ostsee.

Klöndoor
ist eine Tür, die aus mindestens zwei Teilen besteht. Während der untere Teil geschlossen bleibt, kann der obere geöffnet werden – für einen → Klönschnack.

Klönschnack
charakterisiert ein unkompliziertes Gespräch, eine Plauderei. Hierbei drücken beide Wortteile, klönen und schnacken, im Grunde dasselbe aus.

Rotes Kliff auf Sylt

klötern
bedeutet klappernde, rasselnde Geräusche verursachen.

Klootstock
ist ein sogenannter Springstock, der sich nach unten verbreitert oder gabelt. Er diente als Sprunghilfe zur Überwindung der Entwässerungsgräben (→ Entwässerung, →Fleet) in der → Marsch, ohne feste Brücken oder Stege benutzen zu müssen (»Klootstock-Springen«). Das Klootstock-Springen ist heute ein sportliches Fest.

Klüsen
sind feste Öffnungen über dem oberen Deck in den Seitenwänden, damit das Wasser der → Brecher sofort wieder ablaufen kann. Durch die Ankerklüsen laufen die Ankerketten. Mit Klüsen werden auch umgangssprachlich die Augen gemeint – bei müden Menschen sagt man: Mach die Klüsen auf!

Matrose und Junge auf dem Klüverbaum, Zeichnung H. Egersdörfer, 1877

Klüver

ist ein dreieckiges Vorsegel am Klüverbaum, der Verlängerung des Bugspriets. Auch die Segel an einer → Windmühle heißen Klüver.

Knallköm

ist eine spöttische Bezeichnung für Sekt oder Champagner.

Knicks

sind mit einem kleinen Wall verbundene Hekken, die sich vor allem in Ostholstein, aber auch in den anderen Landesteilen finden. Sie entstanden in einer Zeit, als im Zuge der Agrarreformen seit dem 18. Jahrhundert gemeinschaftliches Eigentum vermehrt privatisiert wurde. Dabei dienten Knicks als »lebende Zäune«, als Abgrenzung zu den Feldern des Nachbarn. Sie schützten Äcker und Wiesen vor Vieh, aber auch vor Windabtrag. Knicks müssen gepflegt werden. Das »Knicken«, das heißt Beschneiden, ist erforderlich, sobald das Buschwerk baumartig emporwächst. Durch die Mechanisierung der Landwirtschaft drohten die Knicks zum Störfaktor rationeller Bewirtschaftung von größeren Flächen zu werden und zu verschwinden. Knicks sind ökologisch von großer Bedeutung, denn in ihnen finden Tiere und Pflanzen Schutz. Ihre Beseitigung ist deshalb untersagt; sie gehören somit bis heute zum typischen Landschaftsbild Schleswig-Holsteins.

Kniepsand
ist der 15 Kilometer lange und bis zu einem Kilometer breite Sandstrand an der Westseite der Insel → Amrum.

Knust
nennen die → Fehmarner ihre Insel, die als Knust quasi das Ende des Landes darstellt.

Kogge
ist die geläufige Bezeichnung für einen mittelalterlichen Schiffstyp, auf dem der Handel der → Hanse beruhte. Mittelalterliche Stadtsiegel von Lübeck und Kiel zeigen die Kogge.

Rekonstruktion einer Kogge

Weißkohlanbau in Dithmarschen

Kohl

Dank günstiger Boden- und Klimaverhältnisse in den → Marschen entstand in → Dithmarschen seit dem Ende der 1880er Jahre das bis heute größte geschlossene Kohlanbaugebiet Deutschlands. Angebaut werden vor allem Weißkohl, aber auch Rotkohl und Wirsingkohl. Die Anfänge gehen auf den Gärtner Eduard Laß zurück, der 1889 mit dem Anbau von Gemüse begann. Mit der Industrialisierung stieg die Nachfrage erheblich und der Kohl konnte mit der Bahn günstig in die Verbrauchs- und Verarbeitungsgebiete transportiert werden. Ein großer Teil der jährlichen Ernte wurde und wird bis heute in Sauerkrautfabriken verarbeitet.

Kohlhof

Seit dem Mittelalter und noch im 19. Jahrhundert hatte ein Großteil der ländlichen Haushalte einen Kohlhof, auch Joordt genannt, in unmittelbarer Nähe zum Haus gelegen. Hier wurden verschiedene Sorten → Kohl (Weißkohl, Rotkohl, Mangold, Rosenkohl) und auch der → Grünkohl als wichtiger Bestandteil der schleswig-holsteinischen Küche angebaut.

Kombüse

ist die Schiffsküche, in der der → Smutje das Essen zubereitet und anschließend in der → Messe serviert.

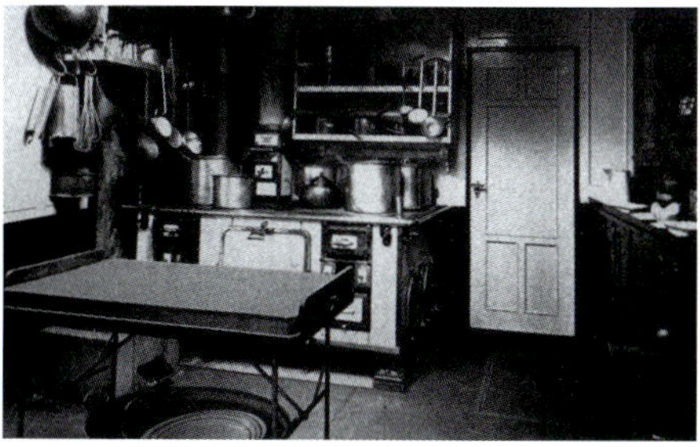

Kombüse

Koog

kennzeichnet ein durch Eindeichung gewonnenes Land, das aus sehr fruchtbarem Boden besteht. Die großen Landverluste durch → Sturmfluten führten besonders in → Nordfriesland zum Anlegen von neuen Kögen. Der älteste Koog ist der 1436 angelegte Wiedingharder Alte Koog nordwestlich von Niebüll. In → Dithmarschen entstand der erste Koog um 1600 im Zusammenhang mit der Anbindung der Insel Büsum an das Festland. Die Mehrzahl der Köge entstand vom 18. bis 20. Jahrhundert. In anderen Nordseeregionen sind statt Koog die Bezeichnungen Polder oder Groden bekannt.

Krabbe

auch Porre genannt, ist die Bezeichnung für Garnelen. Diese Krebsart wird im → Wattenmeer der → Nordsee mit sogenannten Krabbenkuttern mit zwei seitlichen Schleppnetzen (»Kurren«) gefischt. Bereits an Bord werden die gefangenen Krabben gekocht und müssen

dann an Land noch geschält (»gepult«) werden. Früher fischte man Krabben im Watt mit Handkurren. Mit Krabben und Mayonnaise belegte Brötchen zählen zu den beliebtesten Imbiss-Spezialitäten an der Nordsee.

Krabbenbrötchen
→ Krabbe

Krabbenkutter
→ Kutter, → Krabbe

Kratt
ist die norddeutsche Bezeichnung für einen durch Stockausschlag niedrig gewachsenen Wald. Die Bäume werden zur Gewinnung von Brennholz immer wieder gekappt. Sie entwickeln Verwachsungen und bieten seltenen, bedrohten Tierarten Lebensraum. Ihr Wert für den Naturschutz ist beträchtlich.

krüsch
bedeutet wählerisch, vor allem im Umgang mit Essen.

Kutter
ist ein kleines ein- oder zweimastiges Fischerboot, ursprünglich aus Holz, mit → Gaffel-Takelung.

Fischkutter in der Ostsee

Blick auf Laboe vom Marine-Ehrenmal

labern
ist Reden um des Redens willen oder auch inhaltsleeres Reden.

Laboe
ist heute ein beliebter Wohnvorort an der Ostseite der Kieler → Förde. Bekannt wurde der Name durch ein hochaufragendes Marine-Ehrenmal, das der Erinnerung an die auf See Gebliebenen aller Nationen dient.

Landeswappen
Das Landeswappen von Schleswig-Holstein zeigt vorne links zwei Löwen für das Herzogtum Schleswig und rechts das sogenannte → Nesselblatt für den Landesteil → Holstein. Die Löwen verweisen auf das Königreich → Dänemark, zu dem das Herzogtum → Schleswig bis 1864 / 67 gehörte, die Minderung von drei auf zwei Löwen kennzeichnet die Abhängigkeit. Das Nesselblatt stammt aus dem Wappen der Grafen von Holstein.

Landfrauen

Die Frauen auf dem Lande begannen sich bereits Ende des 19. Jahrhunderts in Verbänden zu organisieren. Dies diente zunächst der hauswirtschaftlichen, aber auch kulturellen Weiterbildung. 1934 wurden sie nach der Machtübernahme der NSDAP aufgelöst. Nach dem Zweiten Weltkrieg entwickelte sich der Landfrauenverband mit zahlreichen Kreis- und Ortsvereinen zu einem bedeutenden Faktor des gesellschaftlichen Lebens auf dem Land. Er setzt sich für die Verbesserung der sozialen, wirtschaftlichen und rechtlichen Situation von Frauen sowie die Vereinbarkeit von Familie und Beruf im ländlichen Raum ein.

Lange Anna

Die Lange Anna ist das Wahrzeichen → Helgolands – ein 47 Meter hoher, einzeln stehender Felsen aus rotem Buntsandstein.

Lange Anna auf Helgoland

Lee
ist der maritime Begriff für die windabgewandte Seite eines Schiffs. Luv kennzeichnet demgemäß die dem Wind zugewandte Seite.

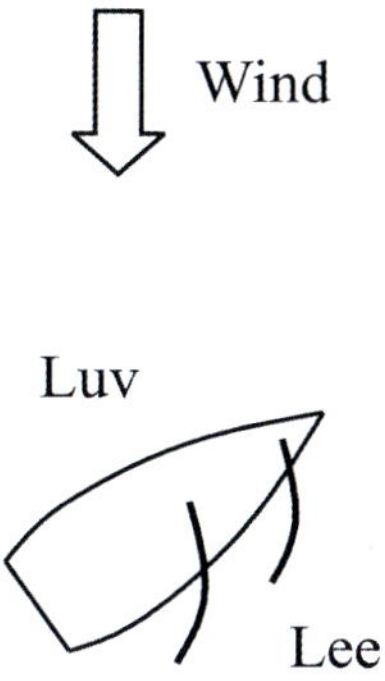

Leuchttürme
sind maritime Bauwerke, die den Schiffen und Seefahrern mittels Leuchtfeuer den Weg weisen. Früher wurden diese Seezeichen per Hand bedient, der Leuchtturmwärter wohnte zumeist an seinem Arbeitsplatz. Heute werden die Leuchtfeuer vom Computer aus ferngesteuert. Leuchttürme zählen zu den maritimen Wahrzeichen an der Küste. Viele der Türme, die sich in ihrer Bauweise stark unterscheiden, gelten heute als Touristenmagnete. Auf → Pellworm, → Sylt oder dem → Westerhever-Leuchtturm kann geheiratet werden, im Leuchtturm Dagebüll ist ein Hotel untergebracht. Mit etwa 30 Meilen Sichtweite ist der Leuchtturm auf → Helgoland das stärkste Leuchtfeuer in der Deutschen Bucht.

Leuwagen
ist der Begriff für einen Schrubber (→ Feudel).

Lewwer duad üs Slaaw
bedeutet »Lieber tot als Sklave«, wird gern als nordfriesischer Wahlspruch bezeichnet und ist bekannt aus einer Ballade des Dichters Detlev von Liliencron. Er symbolisiert nordfriesisches Freiheitsbewusstsein, wurde aber auch politisch missbraucht, beispielsweise gegen → Dänemark.

Logger
ist ein im späten 19. Jahrhundert aufkommendes und ursprünglich aus den Niederlanden stammendes Schiff für den Heringsfang. Der Fang kommt bereits auf dem Logger als Salzhering in Fässer. Glückstadt war ein Zentrum der Loggerfischerei.

Logger Lovis

Zeichnung einer Lore

Lore

Um die → Halligen, die im Küstenschutz eine wichtige Rolle spielen, zu erhalten, verband man Einzelne schon um 1900 mittels eines Damms mit dem Festland. 1929 wurde der Damm zu den Halligen Oland und Langeness befestigt und mit einem schmalen Gleis versehen, um so Wartungsarbeiten an Damm und Uferbefestigungen zu erleichtern. Die Halligbewohner nutzen die Gleise auch privat mittels sogenannter oft selbst gebauter Loren, einer Art Draisine.

Lotse

Ein Lotse begleitet Schiffe in schwierigen Gewässern, wie sie sich durch verändernde Fahrrinnen vor allem in der → Nordsee und den tideabhängigen Strömen (→ Tide) wie der → Elbe finden. Erste Lotsenhäuser entstanden auf der zu Hamburg gehörenden Insel Neuwerk in der Elbmündung. Für die Kieler Bucht, den → Nord-Ostsee-Kanal und die Unterelbe (→ Elbe) bis Hamburg besteht für größere Schiffe Lotsenpflicht.

Lübecker Marzipan

Das ursprüngliche Mandelbrot aus Mandeln und Zucker beruht auf einem orientalischen Konfekt und wurde in Lübeck seit Ende des 18. Jahrhunderts von sogenannten Zuckerbäckern hergestellt. Bekanntester Produzent ist seit 1806 die Firma Niederegger. Bis heute steht der Begriff Lübecker Marzipan für besonders hochwertige Ware. Es kann dank seiner Formbarkeit in vielen Variationen hergestellt werden.

Lütt un Lütt

ist ein norddeutsches Getränk, bei dem Kööm (Kümmel) und Bier zwar in getrennten Gläsern serviert, aber zusammen getrunken werden.

Luv

→ Lee

Mädchenröte

ist eine traditionelle Süßspeise, die besonders aus der Landschaft → Angeln bekannt ist. Die rosa Schaumspeise aus Johannisbeersaft wird mit Vanillesauce serviert.

Rezept Mädchenröte

1/2 Liter Saft von roten Johannisbeeren
400 g Zucker
5 Eiweiß von großen Eiern
12 Blatt Gelatine

Maitag

Der 1. Mai war in Schleswig-Holstein der Einstellungs- und Wechseltag für Knechte und Mägde. Aber auch sonst war er vielfach gebräuchlich, zum Beispiel zur Regelung des Wassereinstaus bei den Mühlen (→ Wasserpass).

Malaria

→ Marschenfieber

Malöör

ist ein plattdeutsches Wort und bedeutet Unglücksfall, Missgeschick. Spricht man das Wort einmal laut, zeigt sich außerdem, wie groß der Einfluss des französischen Sprache auf das Niederdeutsche war: Das französische Äquivalent klingt quasi wortgleich, auch wenn es etwas anders geschrieben wird: malheur.

Mandränke

Die Grote Mandränke war eine verheerende → Sturmflut, von der → Nordfriesland in der Nacht auf den 13. Januar 1362 heimgesucht wurde. Sie riss große Teile der Inseln und → Halligen mit sich und veränderte das Landschaftsbild grundlegend. Als Zweite Grote Mandränke wird die verheerende Sturmflut vom 11. Oktober 1634 bezeichnet, die allein auf Nordstrand rund 6000 Menschen das Leben kostete, etwa 70 Prozent der Einwohner.

Marine-Ehrenmal Laboe

→ Laboe, → Maritime Memorials

Maritime Memorials

verweisen entlang den Küsten von → Nord- und → Ostsee auf die Gefahren des Meeres. In der Regel wird dabei den Opfern von Schiffbrüchen und Überschwemmungskatastrophen gedacht. Auf dem Büsumer Neuen Friedhof gibt es ein Memorial »im Gedenken an die auf See gebliebenen Fischer«, ebenso auf dem Kirchhof Ording (Bad St. Peter-Ording). An der Ostsee gibt es entlang der Lübecker und Neustädter Bucht mehrere Gedenkstätten, die an den Untergang der »Cap Arkona« erinnern. Andere Memorials erinnern allgemein an die Gefahren des Meeres, zum Beispiel an der → Schleuse des Speicherkooges bei Meldorf. Gleiches gilt für die vielerorts an der Nord- und Ostseeküste bekannten Sturmflutmarken (→ Sturmflut) wie Pfähle, Reliefs und andere. Auch die Namenlosenfriedhöfe erinnern an Ertrunkene (→ Friedhof der Namenlosen, → Laboe).

Marsch

ist ein sehr fruchtbarer Boden (→ Klei), der sich in den gezeitenabhängigen (→ Gezeiten) Gebieten entlang der Nordseeküste (→ Nordsee) und den tideabhängigen Flussabschnitten (→ Tide) gebildet hat. In der Zeit vor dem Bau geschlossener Deichlinien (→ Deichbau) sorgte der regelmäßige Nährstoffeintrag durch die → Flut für eine natürliche Düngung. Bevor es künstlichen Dünger gab, also bis ins 19. Jahrhundert hinein, hatte die Marsch dank

Wedeler Marschland

dieser Sinkstoffablagerungen einen großen landwirtschaftlichen Standortvorteil. Dies führte zu erheblichem Wohlstand, Marschenbauern bildeten eine gesellschaftliche und politische Führungsschicht. Gefährdet war die niedriggelegene Marsch bei Sturmflutkatastrophen (→ Sturmflut), wenn es nach Deichbrüchen zu Überschwemmungen kam. Neben der Marsch sind die → Geest in der Landesmitte und das → Hügelland im Osten die weiteren Schleswig-Holstein prägenden Landschaftsformationen (→ Mergeln, → Marschenfieber)

Marschenfieber

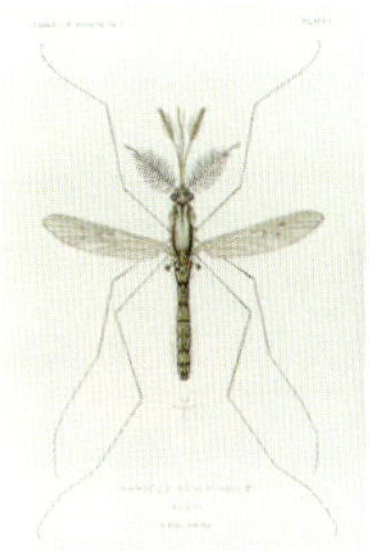

ist eine Form der Malaria, die seit dem frühen 18. Jahrhundert bekannt war und durch die Anopheles-Stechmücke übertragen wird. Sie trat unter anderem in überschwemmten Gebieten nach → Sturmfluten auf. Der medizinische Fortschritt sowie verbesserte hygienische Verhältnisse sorgten für eine Zurückdrängung bis zum Ende des 19. Jahrhunderts.

Martje Flor

stammt aus Katharinenheerd östlich von Garding (→ Dithmarschen) und ist die legendäre Heldin einer Geschichte, die während des Dreißigjährigen Kriegs spielt. Sie wurde von Detlev von Liliencron und Theodor → Storm thematisiert und findet sich zudem in Kurt Tucholskys Roman »Schloss Gripsholm« wieder. Die friesische Bauerstochter Martje Flor widersetzt sich mutig den räubernden Landskechten im Wirtshaus und gibt den von ihr geforderten Trinkspruch mit den folgenden Worten aus: »Up dat es uns wohl goh up unsere ohlen Tage!« (»Auf dass es uns wohl ergehe auf unsere alten Tage!«).

Matjes

ist eine kulinarische Fischspezialität. Es handelt sich um eingesalzene junge → Heringe vor dem ersten Laichen, die in der Regel filetiert sind. Matjes wird auf Brötchen, als Salat oder als komplette Mahlzeit zum Beispiel mit Bratkartoffeln angeboten.

Meerumschlungen

ist eine beliebte topografische Einordnung Schleswig-Holsteins, weil es durch → Nord- und → Ostsee an zwei Seiten von Meeresküsten umgeben und von diesen geprägt ist. Auch die tideabhängige → Elbe als Teil der südlichen Landesgrenze ist weitgehend maritim geprägt (→ Tide).

Mehlbeutel, Mehlbüdel

Vorbild für den Dithmarscher Mehlbeutel, der seit dem 18. Jahrhundert als Ernte- und Festmahlzeit in den → Marschen an der Westküste geschätzt wurde, ist der sogenannte Serviettenkloß aus der englischen Küche. Aus Mehl, Milch, Eiern und Salz wird ein Kloß geformt, der dann in ein Leinentuch eingeschlagen in Wasser gegart wird. Der Mehlbeutel wird mit geschmolzener Butter, Fruchtsauce und Schweinebacke zusammen serviert. Mögliche Varianten sind der bunte Mehlbeutel mit Rosinen und der schwarze Mehlbeutel mit Schweineblut.

Rezept Mehlbeutel

1/2 Liter Milch
5 Eier
500 g Mehl
200 g Butter
Salz, Zucker, Zitronenabrieb
Sauerkirschkompott
geräucherter Schweinebauch

Meilensteine

sind besondere große, meist konische, runde oder rechteckige Steine aus Granit, die im Abstand von einer ganzen (in Schleswig-Holstein genau 7532,48 Meter) und einer halben Meile entlang der neu erbauten Chausseen aufgestellt wurden. Sie zeigen unter der Königskrone das Königsmonogramm des zur Zeit des Straßenbaus regierenden Herrschers und die Entfernung von der Stadt am Anfang und Ende der Chaussee. Sie dienten dem Herrscherlob, zeigten eine öffentliche Straße an und waren das Maß für die Maut, die für jede Meile erhoben wurde. Erfunden wurden die Meilensteine von den Römern und kamen dann im 18. Jahrhundert wieder in Mode. In Schleswig-Holstein stehen sie an den ersten »Kunststraßen« zwischen Altona und Kiel (1832/33 eröffnet), zwischen Hamburg-Schnelsen und Lübeck (1840) und Wandsbek-Elmenhorst (1843), Kayhude-Bad Segeberg-Neustadt

(1845/46) sowie nördlich von Friedrichstadt Richtung Tøndern und zwischen Schleswig und Flensburg. An Schleswig-Holsteins Straßen gibt es noch gut 60 Meilensteine. Sie stehen alle unter Denkmalschutz.

Mergeln

ist eine natürliche Form der Bodenverbesserung (auch als »Kuhlen« bekannt). Der aus Kalk und Ton bestehende Mergel liegt in tieferen Bodenschichten und wird per Hand oder maschinell nach oben geholt, um den Nährstoffverlust der oberen Ackerkrume auszugleichen. Im Jahr 1927 wurde von dem Wesselburener Ingenieur Max Jaeger eine einsatzreife Mergelmaschine entwickelt, die unter anderem in den → Marschenregionen der Westküste und an der → Elbe zum Einsatz kam.

Messe

ist der Raum auf den älteren Schiffen, in denen gegessen wird. Auf großen Schiffen gibt es eine Mannschaftsmesse und eine Offiziers- oder sogar eine Kapitänsmesse.

Metropolregion Hamburg

ist eine seit 1995 gesetzlich verankerte Bezeichnung für einen gemeinsamen Planungs- und Wirtschaftsraum, der die Hansestadt (→ Hanse) Hamburg und ein weites Umland umfasst. Nach einigen Erweiterungen umfasst sie aktuell auf schleswig-holsteinischer Seite die Kreise Pinneberg, → Dithmarschen, Steinburg, Segeberg, Stormarn, Herzogtum Lauenburg, Ostholstein sowie die Hansestadt Lübeck und die Stadt Neumünster. Vorläufer

Landkreise im Großraum Hamburg

der Metropolregion war unter anderem die gemeinsame Landesplanung Hamburg / Schleswig-Holstein sowie die Arbeitsgemeinschaft der ursprünglichen Hamburg-Umlandkreise Pinneberg, Segeberg, Stormarn und Herzogtum Lauenburg (→ Hamburger Umland).

Missingsch

ist eine Sprachform, die hochdeutsche Wörter mit plattdeutscher Grammatik (→ Plattdeutsch) vermischt. Die Grammatik ist vorwiegend niederdeutsch, das Vokabular eine Mixtur aus Hochdeutsch mit niederdeutschen und im Hamburger Hafen auch englischen Ausdrücken.

Mittelholstein

heißt die Landschaft rund um die Stadt Neumünster, deren nicht genau definierte Grenzen bis Bordesholm und Nortorf im Norden, bis → Bornhöved im Osten und Hohenwestedt und Kellinghusen im Westen reichen. Mittelholstein bildet die Wasserscheide, von der aus Schwentine und → Trave zur → Ostsee, Schwale und Stör zur → Nordsee fließen.

Möwen

sind die Seevögel, die an den schleswig-holsteinischen Küsten am häufigsten vorkommen. Zu den Hauptarten zählen Silbermöwe, Sturmmöwe, Lachmöwe, Mantelmöwe, Heringsmöwe, Zwergmöwe. Sie fliegen – auch bei starkem Wind – über dem Meer und dem Festland und machen sich bisweilen recht lautstark bemerkbar. Sie leben von Fischen, Krebs- und Weichtieren, machen sich aber auch gerne an Mülltonnen zu schaffen. Silbermöwen zum Beispiel sind Allesfresser und folgen den Menschen bis in die Städte.

Typisch für den Norden: die Möwen

Moin Moin

Dass man sich im Norden mit Moin oder Moin Moin begrüßt, lässt nicht etwa darauf schließen, dass der Vormittag dort bis zum Abend dauert. Denn das Wort »Moin« bedeutet nicht »Morgen«, vielmehr liegt sein Ursprung im Mittelniederdeutschen, dem Wort »moi«, was so viel heißt wie »schön«, »schmuck«, oder später auch »angenehm«. Mittlerweile kann man die Begrüßung sogar in Süddeutschland hören.

Molfsee

→ Freilichtmuseum Molfsee

Monarchen

Als »Monarchen« wurden im Deutschen Kaiserreich und in den ersten Jahrzehnten des 20. Jahrhunderts landwirtschaftliche Wanderarbeiter bezeichnet, die als Landstreicher lebten und vor allem während der Erntezeit Beschäftigung auf den Höfen und als Hilfsarbeiter bei Lohnunternehmen fanden, die mit mobilen Dampfmaschinen (→ Döschdamper) als Antrieb von Dreschmaschinen von Hof zu Hof zogen.

Moore

In der Vergangenheit haben Moore auch in Schleswig-Holstein zur Versorgung der Bevölkerung beigetragen: Sie lieferten mit ihrem Torf Brennmaterial und waren vor allem für die arme Landbevölkerung oftmals die einzigen Flächen, die ihnen für die Landbewirtschaftung zur Verfügung standen. Mit zunehmender → Entwässerung und Mechanisierung der Landwirtschaft wurden Moorflächen immer intensiver rein landwirtschaftlich genutzt. Einige Moorgebiete stehen inzwischen unter Naturschutz, zum Beispiel das Brennermoor bei Bad Oldesloe (Kreis Stormarn).

Moränen

Schleswig-Holsteins mehr oder weniger hohe Erhebungen verdanken ihre Entstehung der Eiszeit. Deren Gletscher schoben Erd- und Geröllmassen vor sich her, die als Moränen abgelagert wurden und nach dem Schmelzen des Eises als Hügel zurückblieben.

Motte

ist eine spätmittelalterliche Kleinburg des niederen Adels, die zumeist an einem Bach angelegt war und aus einem künstlich aufgeschütteten Hügel und einem runden oder eckigen Wassergraben besteht; früher war sie nur über eine Zugbrücke oder feste Holzbrücke zugänglich. Auf dem Hügel stand ein ein- oder mehrgeschossiger Turm, der aus → Findlingen oder Fachwerk erbaut war und oft eine mit Dachziegeln gedeckte Turmspitze besaß. Bei jüngeren Anlagen ist meist eine kleine, nur leicht befestigte Vorburg angelegt. Fast alle Motten wurden in der Frühen Neuzeit aufgelassen und durch größere → Herrenhäuser ersetzt; häufig wurde der alte Standort zugun-

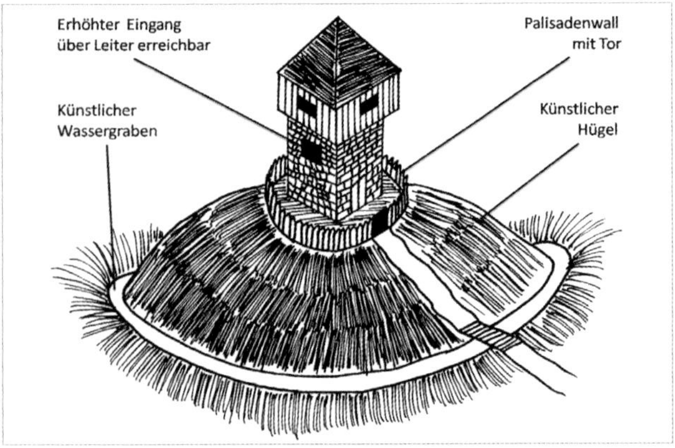

Rekonstruktion der Turmhügelburg Nienthal

sten eines neuen Platzes für einen größeren Gutshof aufgegeben. Ein moderner Nachbau ist die Burg Nienthal bei Lütjenburg.

Muscheln
bemerkt man oft erst nach ihrem Tod, wenn ihre Schalen an die Wasserkante gespült werden. Sie leben eingegraben im Sand oder festgewachsen an Felsen und ernähren sich von Schwebstoffen. Ihren Körper schützen zwei aufklappbare Schalenhälften, die sie dank eines Muskels fest verschließen können. Heute gibt es etwa 10 000 Muschelarten, die unverzichtbar für den Lebensraum Meer sind: Eine → Auster beispielsweise filtert 25 Liter pro Stunde und sorgt damit für klareres Wasser

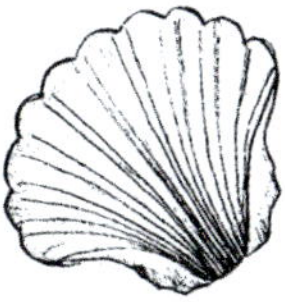

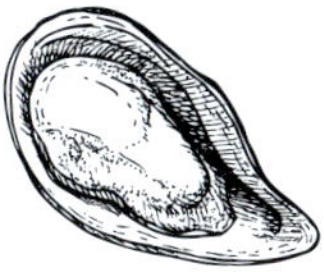

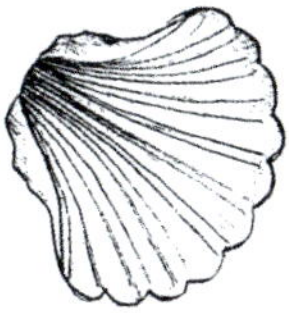

Emil Nolde

Nehrung

Eine Nehrung bezeichnet einen schmalen Sandstreifen, der einen Bereich mit Brackwasser (ein Haff) vom offenen Meer abtrennt. In einemfast gezeitenlosen (→ Gezeiten) Meer wie der → Ostsee treten diese häufig auf zum Beispiel am → Graswarder.

Nesselblatt

ist die gebräuchliche Bezeichnung für die Wappenfigur im Wappen der Grafschaft, später des Herzogtums → Holstein. Es taucht 1229 erstmals als Nebenwappen von Graf Adolf IV. von Schauenburg auf und tritt dann an die Stelle des ursprünglichen Familienwappens mit einem Löwen, da dieses auch als Minderwappen des dänischen Königswappens hätte missverstanden werden können. Es wird heute erklärt als ein von der Rückseite nach vorne umgeschlagener lederner Schildbeschlag. Die Nägel in den Ecken sollen einer alten Sage zufolge auf die Nägel vom Kreuz Christi hingewiesen haben. Das Nesselblatt bildet zusammen mit den zwei schleswigschen Löwen das Wappen Schleswig-Holsteins.

Niederdeutsch

→ Plattdeutsch

Nolde, Emil

war ein expressionistischer Künstler. Er wurde 1867 als Emil Hansen östlich von Tøndern geboren und ließ sich nach Lehr- und Wanderjahren in Seebüll nieder, wo er sein Haus erbauen ließ, das heute ein Museum ist. Nolde war ein Meister der Farben, die er besonders in Gemälden von Landschaften und Blumen kontrastreich einsetzte. Aber auch als Grafiker und Zeichner machte er sich einen Namen. Nach der Regierungsübernahme der Nationalsozialisten 1933 hoffte Nolde, dass sich die Befürworter seiner Kunst innerhalb der neuen Regierung durchsetzen werden. Aber 1937 wurden von Nolde 1052 Werke in deutschen Museen beschlagnahmt. In der kunstverachtenden Ausstellung »Entartete Kunst« ist Nolde von allen Künstlern am stärksten vertreten. Im gleichen Jahr erfolgt die Rückgabe der Werke und zudem sind auf den späteren Stationen der Ausstellung »Entartete Kunst« keine seiner Werke mehr zu sehen. Nolde starb 1956 in Seebüll.

Noor
ist eine Bezeichnung aus dem Raum Eckernförder Bucht/→ Schlei und meint eine Meeresbucht, die über eine Enge mit einer → Förde verbunden ist.

Nordfriesisches Institut (Nordfriisk Instituut)
ist eine in Bredstedt beheimatete, 1965 gegründete Einrichtung zur Förderung und Erforschung von Geschichte, Kultur und Sprache in → Nordfriesland.

Nordfriesland
bezeichnet die Landschaft im nordwestlichen Teil Schleswig-Holsteins von der dänischen Grenze bis zur → Eider einschließlich der vorgelagerten Inseln (→ Amrum, → Föhr, → Sylt). Südlich folgt → Dithmarschen, östlich schließt

sich der Kreis Schleswig-Flensburg an. Die Sturmflutkatastrophe 1362 (→ Mandränke) prägte die Landschaft ebenso wie die von 1634. Die Nordfriesen (→ Friesen) pflegen eine eigene Sprache, das → Friesisch. Unterhalb der → Moräne der → Hohen Geest verläuft die → Marsch mit ihren Kögen (→ Koog). An die große Zeit der nordfriesischen Seefahrer und Kapitäne im → Walfang und Handel erinnern Grabsteine vor allem auf den Inselfriedhöfen von Amrum und → Föhr. Der heutige Kreis Nordfriesland

Nordfriesland: Husumer Hafen

wurde 1970 aus den ehemaligen Kreisen → Eiderstedt, Husum und Südtondern sowie den drei Gemeinden Drage, Friedrichstadt und Seeth aus dem Kreis Schleswig gebildet.

Nordische Filmtage
finden seit 1956 jedes Jahr in Lübeck statt und zeigen Filme aus Skandinavien.

Nordlicht

auch Polarlicht genannt, bezeichnet eine Naturerscheinung, die in Schleswig-Holstein eher selten zu beobachten ist. Dabei zeigt sich in Sommer- oder Herbstnächten am Himmel ein leuchtender, polarisierender Schein, der in bis zu 150 Kilometern Höhe über den magnetischen Polen der Erde entsteht. Als »Nordlichter« werden aus süddeutscher Sicht auch die Menschen aus den Küstengebieten charakterisiert.

Beeindruckendes Naturschauspiel: das Nordlicht

Nord-Ostsee-Kanal

ist der meistgenutzte Kanal der Welt. Die Bauarbeiten des fast 100 Kilometer langen Kanals, der zunächst den Namen Kaiser-Wilhelm-Kanal erhielt, erstreckten sich von 1887 bis 1895. 1949 wurde er auf den heutigen Namen umbenannt, während der Kanal im internationalen Schiffsverkehr schlicht Kiel-Kanal heißt. Er nimmt in Brunsbüttel seinen Anfang und endet in Kiel-Holtenau. Aufgrund des wachsenden Schiffsverkehrs wurde er ab 1907 immer wieder ausgebaut. Seine strategische und ökonomische Bedeutung ist weitrei-

Nord-Ostsee-Kanal, Einfahrt Kiel-Holtenau

chend, denn der Kanal erspart den Schiffern die Fahrt um die Kimbrische Halbinsel und damit etwa 460 Kilometer Fahrtweg. Sechs → Schleusen regeln in Holtenau und Brunsbüttel die Ein- und Ausfahrt.

Nordschleswig

Der nördliche Teil des ehemaligen Herzogtums → Schleswig gehört seit der Abstimmung 1920 als Südjütland zu → Dänemark. In diesem Gebiet lebt eine deutsche Minderheit (→ Schleswig).

Nordsee

Die schleswig-holsteinische Nordseeküste reicht von der Elbmündung bei Brunsbüttel bis zur dänischen Grenze. Die Nordsee bildet ein Randmeer des Atlantiks mit einer offenen Grenze zur → Ostsee. Die gesamte Nordsee umfasst 580 000 Quadratkilometer und hat eine mittlere Tiefe von 93 Metern. Die Gezeitenperiode (→ Gezeiten) beträgt 12 Stunden und 25 Minuten, der Tidenhub (→ Tide) maximal 4 Meter.

Nordsee und die angrenzenden Länder

Offshore-Energiepark

Ochsenweg

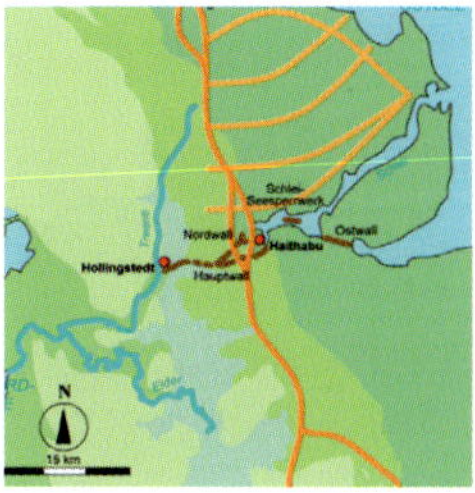

Die Ochsenwege ziehen sich von Nordjütland Richtung Süden auf der → Geest durch Schleswig-Holstein Richtung → Elbe und haben sich heute zumeist in befahrbare Straßen verwandelt. Ursprünglich dienten sie dem Transport der Ochsenherden, die entweder zum Mästen aus dem Norden in die fruchtbaren → Marschen oder zum Verkauf auf die Märkte in Husum, Itzehoe, Wedel und Hamburg sowie südlich der Elbe getrieben wurden. Noch im 19. Jahrhundert waren die Ochsenwege wichtige und viel genutzte Verbindungen. Sogenannte Ochsenkrüge bildeten Rastplätze.

Offener Garten

Mehr als 200 private und öffentliche Gärten öffnen jedes Jahr im späten Frühjahr und Frühsommer ihre Pforten für Garten- und Blumenfreunde. Sie bilden das »grüne Band« durch Schleswig-Holstein und Hamburg. Diese Aktion wird durch keinen Verein getragen, sondern dient allein dem Austausch von Ideen und dem Teilen von Freude an Gärten und grünen Oasen.

Offshore-Energie

Der Begriff »Offshore« stammt aus dem Englischen und bedeutet so viel wie »vor der Küste«. Die Windparks in → Nord- und → Ostsee sorgen für umweltfreundliche Energiegewinnung. Aufgrund der hohen Windgeschwindigkeit an den Küsten vermögen Offshore-Windparks doppelt so viel Energie zu erzeugen wie vergleichbare Anlagen an Land (→ Growian).

Ostsee

ist ein 412 500 Quadratkilometer umfassendes Binnenmeer und wird auch Baltisches Meer (englisch: Baltic Sea) genannt. Sie trennt Skandinavien vom europäischen Festland. Anlieger sind Deutschland (mit den Bundesländern Schleswig-Holstein und Mecklenburg-Vorpommern), Dänemark, Schweden, Finnland, Russland, Estland, Lettland, Litauen und Polen. Als westlicher Eingang gilt das Kattegat, wiewohl die Grenze zur Nordsee definitorisch umstritten ist.

Ein Kutter unterwegs auf der Ostsee

Ostseekutter

ist ein zehn bis 15 Meter langes und recht breites Fischereifahrzeug mit gebogenen Steven. Die Bezeichnung kam seit 1900 mit der Modernisierung der Fischerei an der Ostseeküste auf .

Ostseelied

Das Lied »Wo de Ostseewellen trecken an den Strand…« ist, so wird es überliefert, in Wahrheit von der Pommerin Martha Müller-Grählert um 1906 in Japan geschrieben worden. Da sich das Lied an der → Ostsee zunächst nicht etablierte, wurde es von einem Postkartenverlag kurzerhand in ein Nordseelied verwandelt und hieß künftig »Friesenlied«, in dem aus den Ostseewellen die Nordseewellen wurden.

Palmschleuse

Diese bei Lauenburg (Kreis Herzogtum Lauenburg) gelegene → Schleuse war ursprünglich Teil des Stecknitzkanals und stellt die erste europäische Kammerschleusen-Anlage dar. Der Kanal wurde 1398 in Betrieb genommen und später durch den Elbe-Lübeck-Kanal ersetzt. Die heutige Palmschleuse wurde 1724 in Stein erneuert.

Passat

Die Viermastbark (→ Bark) »Passat«, erbaut 1911, ist eines der schönsten Segelschiffe des Landes. Seit 1960 liegt das 115 Meter lange Schiff vor dem → Priwall in → Travemünde und ist zum Wahrzeichen des Ostseebads geworden (→ Ostsee).

Patronym

ist eine Form familiärer Namengebung, bei der der Nachname des Sohnes aus dem Vornamen des Vaters gebildet wird. Sie ist erkennbar an dem an dessen Vornamen angehängten »s« oder »sen« (Nis Nissen, Peter Peters oder Okke Petersen) und war bis zum späten 18. Jahrhundert im Schleswigschen und Nordfriesland geläufig.

Pellworm

ist die drittgrößte nordfriesische Insel. Sie misst in Ost-West-Richtung sieben und in Nord-Süd-Richtung sechs Kilometer und umfasst 37,44 Quadratkilometer. Sie entstand zum größten Teil aus der früheren Insel Strand, die bei der Sturmflutkatastrophe von 1634 (→ Mandränke) weitgehend zerstört wurde. Die Marscheninsel (→ Marsch) ist mit einem

Hauptdeich (→ Deich) versehen, der die verschiedenen Köge schützt (→ Koog). Zur politischen Gemeinde Pellworm zählen auch noch die Halligen Südfall und Süderoog (→ Halligen).

Pesel

ist die Bezeichnung für die gute Stube im Bauernhaus → Nordfrieslands und → Dithmarschens. Oft mit Delfter Kacheln, Malereien, → Alkoven, Schränken oder Ähnlichem versehen und je nach Reichtum des Bauern prachtvoll ausstaffiert, wurde der ungeheizte Pesel nur zu besonderen Gelegenheiten für Feste und Gäste genutzt. Besonders bekannt ist der sogenannte Königspesel auf der Hallig Hooge. Während seines Besuches auf Hooge schlief König Friedrich VI. von Dänemark in der Nacht vom 2. auf den 3. Juli 1825 in dem Alkoven und begründete damit den Namen.

Pesel in Keitum auf Sylt

Pharisäer
ist eine nordfriesische Heißgetränk-Spezialität, die aus Kaffee, Rum (dessen Anteil mindestens vier Zentiliter betragen muss), Zucker und einer Schicht Schlagsahne besteht. Die Namensgebung beruht auf einer Anekdote von der nordfriesischen Insel Nordstrand aus dem Jahr 1874: Der gegen den übermäßigen Alkoholgenuss seiner Gemeindemitglieder eingestellte Pastor nahm bei einer Feier angeblich an, die Gäste bekämen – genau wie er selbst – lediglich Kaffee. Als er durch eine Verwechslung der Tassen des Unheils gewahr wurde, soll er ausgerufen haben: »Oh, ihr Pharisäer!«

Pidder Lüng
geboren auf der Insel → Sylt, war Seeräuber und brachte es zu erstaunlichem Ruhm. Mit ihm ist der Wahlspruch »Lewwer duad üs Slaaw« (Lieber tot als Sklave) verbunden, obwohl er nicht eindeutig von ihm stammt, denn schon sein Großvater Jens Lüng soll ihn benutzt haben. Pidder Lüng sagte denjenigen den Kampf an, welche die → Friesen zu unterjochen und zu besteuern versuchten. Als er sich auch gegen die Sylter und ihren Strandvogt stellte, wurde er kurzerhand zum Tode verurteilt und bei Munkmarsch hingerichtet und begraben. Bekannt ist die gleichnamige Ballade von Detlev von Liliencron (1844–1909), die wiederum von dem Musiker Achim Reichel in seinem Album »Regenballade« vertont wurde.

Pirat
nannte und nennt man einen Seeräuber, der Schiffe angreift, kapert und in der Regel für die Freilassung von Menschen und Schiffen ein hohes Lösegeld fordert. Pirat ist auch die Typenbezeichnung einer kleinen Segeljolle.

Plattbodenschiff
→ Ewer

Plattdeutsch
bezeichnet umgangssprachlich sämtliche Varianten der niederdeutschen Sprache. Im engeren Sinn ist es die Benennung der verschiedenen Dialekte des Niederdeutschen, wie sie auch in Schleswig-Holstein verbreitet sind.

Polarlicht
→ Nordlicht

Poppostein
erinnert an den Bischof Poppo, der im 10. Jahrhundert lebte und an diesem Stein der Legende nach viele Menschen zum Christentum bekehrte und taufte. Es handelt sich um ein Megalithgrab mit sechs Tragesteinen. Er liegt bei Stenderup, südlich von Sieverstedt.

Poppostein bei Stenderup

Pricken (Priggen)
sind Orientierungspfähle im → Wattenmeer entlang der → Priele.

Priel
ist eine Rinne im → Wattenmeer der → Nordsee für das ein- und ausfließende Wasser der → Gezeiten. Die mehr oder weniger tiefe, häufig mit → Pricken markierte Wasserrinne verändert sich durch den Einfluss der → Gezeiten. Die tieferen Priele sind häufig auch bei → Ebbe mit Wasser gefüllt. Für Wattwanderer sind sie meist zu durchwaten. Gleichwohl können sie je nach Wasserstand und Strömung auch bei Ebbe zur unberechenbaren Gefahr werden, denn die darauffolgende → Flut füllt die Priele wieder mit Wasser. Größere und weiter draußen gelegene Priele werden als Wattstrom oder Tief bezeichnet.

Priel in der Nordsee

Priwall
ist eine in → Travemünde östlich der → Trave liegende Landzunge und Strandlandschaft, die den Übergang nach Mecklenburg bildet.

Priwall-Segler

Das Zentrum von Travemünde ist mit zwei Fähren mit dem Priwall verbunden, eine Brükke gibt es nicht. Vor dem Priwall liegt am östlichen Traveufer das Segelschulschiff → Passat.

pütschern
bedeutet Flüssigkeit verschütten, im übertragenen Sinne auch kleinteilig arbeiten.

pulen
heißt: die Schale entfernen, zum Beispiel: → Krabben pulen.

pullen
meint in der Seemannsprache rudern, vor allem auf den Beibooten und Rettungsbooten.

pusseln
ist gedankenverloren vor sich hinarbeiten

Quakbüdel
Ein Quakbüdel ist ein unzufriedener Mensch, der schlechte Laune verbreitet und dem man nichts recht machen kann.

Quallen
kommen mit ihren fühlerartigen Tentakeln an → Nord- und → Ostsee vor. Bei entsprechender Windlage bleiben sie am Strand liegen. An den schleswig-holsteinischen Küsten kommt die Ohrenqualle am häufigsten vor. Die Begegnung mit der Feuerqualle (Nesselqualle) kann schmerzhaft sein, denn sie führt bei Berührung zu Verbrennungen.

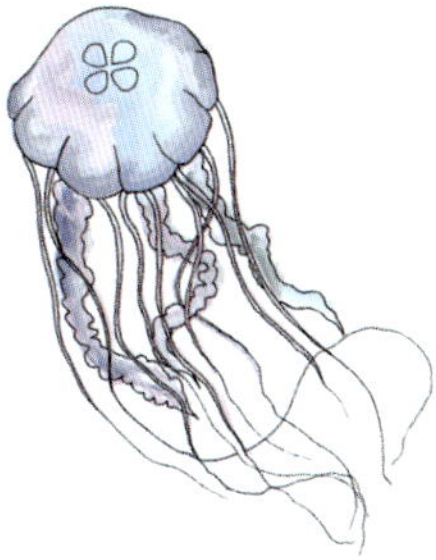

Quasseln
ist meist ein Reden ohne tieferen Sinn (→ labern).

Queller
ist eine blattlose Pflanze des → Wattenmeers, die salzverträglich ist und deswegen zur Landgewinnung eingesetzt worden ist. In der Speiseküche ist der Queller auch als Gemüse bekannt.

Quern
ist eine von Hand zu drehende Getreide-Drehmühle aus Granit oder Eifeler Basalt, die hierzulande im bäuerlichen Haushalt die schon aus der Bronzezeit bekannte Reibemühle abgelöst hat. Basaltmühlen hat es bereits bei den Römern und auch in den Legionslagern

Eine Quern in Benutzung

gegeben. Die Quern besteht aus drei Teilen: dem Unterlieger und dem Läufer aus Stein sowie dem Drehgriff, der zumeist aus Holz hergestellt wurde. Die Quern war noch lange in Nutzung, auch als schon die Wasser- und später die → Windmühlen existierten – so entfielen eine längere Lagerung des Mehls, ein oft langer Weg zur → »Zwangsmühle« und die »Matte«, die Zwangsabgabe an den Müller.

Raps

Raps ist eine kohlartige Pflanze (→ Kohl), deren Samen in den Schoten zur Gewinnung von Öl dienen. Im Herbst wird er gesät und überwintert. Nach Schleswig-Holstein kam der Raps im späten 18. Jahrhundert und verbreitete sich vor allem im 20. Jahrhundert im Lande. Im späten Frühjahr prägen gelb blühende Rapsfelder weite Teile insbesondere Ostholsteins und → Angelns. Besonders typisch sind sie auch für die Insel → Fehmarn. Heute gilt Rapsöl dank neuer Züchtungen als ernährungsphysiologisch wertvolles Speiseöl und wird zur Erzeugung von Biokraftstoffen verwendet.

Rapsblüte in Schleswig-Holstein

Ratten

Wenn die Ratten das Schiff verlassen, ist dies ein Zeichen für höchste Gefahr: Im Schiffsrumpf ist ein bisher unbemerktes Loch, durch das Wasser eindringt, ein baldiger Verlust des Schiffes mitsamt der Ladung ist daher zu erwarten und die Mannschaft somit in Lebensgefahr. Der Spruch »Wenn die Ratten das Schiff verlassen« wird als Redewendung gern auf andere Situationen übertragen.

Rauchkate

Rauchkaten sind kleine → Fachhallenkaten, die keinen Schornstein besitzen. Der Rauch zieht über das Dach durch eine der beiden dreieckigen Uhlenlöcher im Firstbereich ab. In ihnen wurden Schinken und Mettwürste direkt über dem Herdfeuer mehrere Monate lang im kalten Rauch aufgehängt und so konserviert. Dadurch erhielten sie eine dunkle Färbung und ein würziges Aroma (→ Holsteiner Katenschinken).

Redder

ist ein auf beiden Seiten mit → Knicks begrenzter Feldweg. Wegen der im Inneren wie auch auf beiden Außenseiten jeweils unterschiedlichen Wind- und Feuchtigkeitsverhältnisse sind Redder von hohem ökologischem Wert. Hier können und sollten auch die jeweiligen Knicks in mehrjährigem Abstand nacheinander auf den Stock gesetzt, »geknickt« werden.

Reet

ist die niederdeutsche Form des Wortes Ried und bezeichnet Binsen und Rohr – Materialien, die im norddeutschen Raum bis heute zum Dachdecken verwendet werden. Reet wird im Hochwinter an Gewässerkanten geschnitten, von Dachdeckern, die dieses spezielle Handwerk beherrschen, bündelweise auf dem Dach ausgelegt und mit Draht verbunden. Reetdächer halten das Innere eines Hauses im Winter warm und im Sommer kühl. Allerdings sind die Reetdächer sehr feuer- und blitzschlaggefährdet. Landestypisch sind niedrige, mit einem hohen, rund 50 Grad steilen Dach ausgestattete Hausformen. Der

First wird entweder genäht, mit einem Wulst aus Heidekraut gedeckt oder in Angeln mit starken Knüppelholzbalken gehalten. Wegen der leichten Brennbarkeit des Materials sind die Brandschutzversicherungen für Reetdächer besonders hoch.

Reffen

ist das systematische Verkleinern der Segelfläche bei stürmischem Wetter mithilfe von bereits meist vorhandenen Reffbändern, die im Segel eingenäht sind. Bei größeren Segeln kann das Reffen je nach → Windstärke in mehreren Positionen erfolgen.

Reffen oder Einholen der Segel

Reling
ist das teils bewegliche oder feste Geländer von Schiffen auf dem Deck.

Ringreiten
ist ein beliebtes Kampfspiel zu Pferde, das seinen Ursprung im sogenannten »Ringstechen« hat. An einem Band, das quer über die Reitbahn gespannt wird, hängen Ringe mit einem Durchmesser von etwa zwei Zentimetern. Mit einer Lanze und einem kurzen Stecher bewaffnet, galoppieren die Reiter auf den Ring zu und stechen ihn mit der Lanze. Wer die meisten Ringe sticht, wird Ringreiterkönig.

Roland
Als eines der ältesten Relikte der Stadt steht seit mehr als 500 Jahren in Wedel die Rolandstatue. Der Roland war ursprünglich wohl eine Personifizierung der Gerichtsbarkeit einer Stadt und verlieh der Marktfreiheit und den Marktrechten Ausdruck. Roland war ein Ritter im Dienste des Kaisers Karl dem Großen und lebte von 747 bis 814. Er wurde vom Volk sehr verehrt. Nach seinem Tod als Anführer der Nachhut des Heeres von Kaiser Karl dem Großen auf einem Rückzug von Nordspanien nach Frankreich wurde er zum Held mittelalterlicher Sagen. Roland-Statuen finden sich in vielen Städten, in Schleswig-Holstein ist eine weitere in Bad Bramstedt zu sehen.

Rosarium Glücksburg
Auf dem Gelände der Schlossgärtnerei des Wasserschlosses Glücksburg sind mehr als 550 Sorten englischer historischer sowie moderner

Wild- und Kletterrosen zu einem romantischen Garten gewachsen. Das Rosarium umfasst die größte Sammlung englischer Rosen in Deutschland. Ein weiteres großes Rosarium gibt es in Uetersen.

Rosen

Mit Beginn des 20. Jahrhunderts entwickelte Schleswig-Holstein sich zum »Rosenland« in Europa. Die Rosenbaumschulen dort zählen zu den bedeutendsten weltweit. Zahlreiche Rosenneuzüchtungen haben hier ihren Ursprung (→ Rosarium Glücksburg).

Roter Haubarg

Der Rote Haubarg ist ein mächtiger historischer Bauernhof in klassischer Form aus dem Jahr 1647 in Witzwort nahe Husum. Um ihn ranken sich etliche Sagen und Geschichten. Der Hof wird heute als Café und Restaurant genutzt und ist der einzig öffentlich zugängliche → Haubarg auf → Eiderstedt. Im angeschlossenen Museum werden Geschichte und Alltag in den größten Bauernhäusern der Welt dokumentiert. Zudem sind landwirtschaftliche Geräte und Maschinen zu sehen.

Roter Haubarg bei Witzwort

Rotspon

ist die Bezeichnung für einen aus Frankreich (Bordeaux) importierten → Wein, der in Lübeck in Fässern gelagert und nach der Reife verkauft wird.

Rübenmus

auch Rübenmalheur oder Steckrübeneintopf genannt, ist ein deftiger Eintopf aus Steckrüben mit Kochwurst, Schweinebacke und Kassler.

Rübenzucker

ist der aus der Zuckerrübe in den Zuckerfabriken durch Einkochen und Raffinieren gewonnene Zucker und ersetzte den Rohrzucker, der nur zu hohen Kosten vor allem von den westindischen Inseln eingeführt wurde.

Rüm hart – klaar kiming

Der inselfriesischen Kapitänen zugeschriebene Leitspruch lautet übersetzt »Großes Herz – klarer Horizont« und soll Weltläufigkeit vermitteln. Die beiden Teile des Spruchs wurden jeweils auch zu Namen nordfriesischer Schiffe. »Rüm Hart« ist zudem der Titel eines Albums des Liedermachers Reinhard Mey.

Rum

ist ein stark alkoholhaltiges Getränk, das aus dem Zuckerrohr gewonnen wird. Haupteinfuhrhafen für Rum aus Westindien war im 18. und 19. Jahrhundert die Stadt Flensburg. Daher hatten dort einst zahlreiche Rumfirmen ihren Sitz. Der Rum bildet die alkoholische Grundlage für den → Grog.

Rummelpottlaufen

ist ein Brauch, dessen Anfänge bis ins 17. Jahrhundert zurückreichen. Auf → Amrum nennt man das Rummelpottlaufen »Hulken«, auf → Föhr ist es unter dem Namen »Kenknen« bekannt. Mit fantasievollen Kostümen verkleidet, ziehen Kinder am frühen Silvesterabend durch die Straßen und verabschieden das Jahr mit Gesang und lautem Gepolter. Von den Nachbarn werden sie dafür mit Süßigkeiten belohnt. Die Lieder werden von Geräuschen aus dem Rummelpott begleitet, einem Instrument, das einen dumpfen Ton erzeugt. Der Rummelpott wurde ursprünglich aus einer Blechdose, einer Schweinsblase und einem Weidenstock gefertigt.

Runenstein

sind mit der ältesten germanischen Schrift, den Runen, beschriebene Steine. Sie gelten der Ehrung von Toten, müssen jedoch nicht mit einem Grab in Verbindung stehen.

Der Skarthestein in Haithabu

Rungholt

Viele Legenden ranken sich um den Handelsort Rungholt. Ihnen allen ist gemein, dass Rungholts Bewohner Reichtümer im Übermaß gehortet haben sollen. Der Legende zufolge wurde der Ort zur Strafe für die Sünden der Rungholter vom Wasser verschlungen. Historisch gesichert scheint lediglich, dass es den Ort Rungholt tatsächlich gegeben hat und dass er im Jahr 1362 der vernichtenden Sturmflutkatastrophe, der Groten → Mandränke, zum Opfer fiel. Bekannt ist Rungholt, weil der Stoff Ausgangspunkt für zahlreiche literarische und künstlerische Werke ist. 1872 schrieb Theodor Storm die Rungholtsage in seiner Novelle »Die Halligfahrt« nieder. Berühmter ist die Ballade »Trutz Blanke Hans« aus dem Jahr 1883 von Detlev von Liliencron. Diese endet mit den dramatischen Worten:

> *»Ein einziger Schrei – die Stadt ist versunken*
> *und Hunderttausende sind ertrunken.*
> *Wo gestern noch Lärm und lustiger Tisch,*
> *schwamm andern Tags der stumme Fisch.«*

2001 entstand der Episodenfilm der Filmemacherin Victoria Schwartz und des Filmemachers Rasmus Hirthe »Der Untergang von Rungholt«. Bis heute beschäftigt Rungholt zahlreiche Forscher.

Sachsenwald

Der Sachsenwald ist mit 60 Quadratkilometern das größte Waldgebiet Schleswig-Holsteins mit überwiegend Laubbäumen und ein wichtiges Naherholungsgebiet. Bis zur Bronzezeit gab es hier zahlreiche Siedlungen, die später aufgegeben wurden. Zu den Sehenswürdigkeiten gehören in → Friedrichsruh, dem Stammsitz der Bismarcks, das Bismarck-Museum, eine Dauerausstellung im alten Bahnhof, das Bismarck-Mausoleum sowie der → Garten der Schmetterlinge.

Sachsenwald, Adolph Friedrich Vollmer, 1852

Salzwiesen

bilden den Übergang zwischen Land und Meer. Sie entstehen aus Schwebeteilchen, die das Meer ins ufernahe Watt trägt, das nach und nach höher wächst. Hier siedelt sich als erste höhere Pflanze der salzverträgliche → Queller an und unterstützt den natürlichen Landzuwachs. In Schleswig-Holstein gibt es mehr als 10 000 Hektar Salzwiesen, die auch anderen Pflanzen, Tieren, darunter viele Vogelarten, Lebensräume bieten.

Sandburgen (Strandburgen)
sind teils aufwändige Bauten aus Sand an den Stränden von → Nord- und → Ostsee. Manche von ihnen sind regelrechte Kunstwerke.

Sandwurm
Der Sandwurm macht sich mit kleinen Trichtern oder Kothäufchen am Meeresrand im Sandstrand bemerkbar. Der Wurm lebt in 20 bis 30 Zentimeter Tiefe. Er hat eine Länge von 20 bis 40 Zentimeter und lebt von organischen Bestandteilen, die er im Sand und Schlamm findet. Er dient Anglern als Köder.

Schaalsee
liegt auf der Grenze zwischen dem Kreis Herzogtum Lauenburg und dem Landkreis Ludwigslust-Parchim (Mecklenburg-Vorpommern). Er ist mit seiner größten Tiefe von 72 Metern einer der tiefsten deutschen Seen. Bis 1990 teilte die innerdeutsche Grenze den 24 Quadratkilometer großen Schaalsee, von dem der Schaalsee-Kanal Richtung Ratzeburg führt. Im Jahr 2000 wurde ein Schutzgebiet um den Schaalsee mit einer Fläche von 310 Quadratkilometern als internationales UNESCO-Biosphärenreservat anerkannt. Der See und die umliegende Region sind von besonderem Artenreichtum.

Schafe
sind aus der norddeutschen Region nicht wegzudenken. Auf → Deichen und auf Wei-

Blick auf den Schaalsee

den grasend, dienen sie als Fleisch- und Wollproduzenten. Auf den Deichen halten sie das Gras kurz, was die gefürchteten Aushöhlungen bei → Sturmfluten erschwert.

Schimmelreiter

»Der Schimmelreiter« ist die bekannteste Novelle von Theodor → Storm aus dem Jahr 1888. Sie erzählt die Geschichte des schleswig-holsteinischen → Deichgrafen Hauke Haien und wurde mehrfach verfilmt. Die Tragödie des Deichgrafen bestand darin, dass er bei seinem Versuch, moderne Methoden des → Deichbaus durchzusetzen, ums Leben kommt.

Hauke Haien – der Schimmelreiter

Schlei

ist eine 43 Kilometer lange → Förde, die die Landschaften → Angeln und → Schwansen voneinander trennt. Sie ist die tiefste, aber auch schmalste Förde des Landes. An die Besiedlung durch jütische Bauern erinnern einige Ortschaften, deren Namen mit -by enden. Die historische Bedeutung liegt in der über die Schlei realisierten Verbindung von Ost- und → Nordsee, die zur Zeit der → Wikinger für den Handel von großer Bedeutung war (→ Haithabu).

Schleswig

genauer gesagt: Südschleswig ist der nördliche Landesteil des Bundeslandes Schleswig-Holstein. Südschleswig ist der seit 1920 zu Deutschland gehörende Teil des früheren Herzogtums Schleswig. Es endet im Norden an der Grenze zu → Dänemark und wird im Süden von der → Eider und einem Teil des → Nord-Ostseekanals begrenzt. In Südschleswig lebt eine → dänische Minderheit mit eigener Sprache und Kultur sowie eigenen Rechten (→ Südschleswigscher Wählerverband, → Nordschleswig). Schleswig ist zugleich der Name einer Stadt an der → Schlei. Sie war einst Hauptstadt des Herzogtums Schleswig und ist heute Kreisstadt des Kreises Schleswig-Flensburg.

Schleswiger Löwen

Die Schleswiger Löwen im Wappen des alten Herzogtums → Schleswig zeigen in ihrer Zweizahl die staatsrechtliche Abhängigkeit des Herzogtums vom Königreich → Dänemark, in dessen Wappen traditionell drei Löwen stehen. Heute stehen sie im Allianzwappen von Schleswig-Holstein zusammen mit dem → Nesselblatt-Wappen. Der deutsche Kaiser Wilhelm II. hat um 1900 veranlasst, dass die ursprünglich nach links (heraldisch: nach vorne) blickenden Löwen gedreht wurden und heute nach innen zum holsteinischen → Nesselblatt schauen.

Schleswig-Holsteinischer Heimatbund
ist der Dachverband von rund 240 Organisationen aus dem ganzen Bundesland, der seine Wurzeln schon im Jahr 1908 hat, aber seit 1947 offiziell unter dem Namen Schleswig-Holsteinischer Heimatbund arbeitet. Es ist der größte kulturpolitisch tätige Verband des Landes und verfolgt das Ziel »Schleswig-Holstein als historische, politische, landschaftliche, wirtschaftliche und kulturelle Einheit zu unterstützen, zu pflegen und zu fördern.«

Schleswig-Holstein Musik Festival
Das Festival findet seit 1986 alljährlich im Sommer an verschiedenen Spielorten vor allem in Schleswig-Holstein statt. Es hat wechselnde thematische Schwerpunkte, zunächst bestimmte Länder, seit 2014 Komponisten und Solisten. Hauptinitiator und erster Intendant (bis 1995) war der Pianist und Dirigent Justus Frantz. Seit 2002 gehört auch das Jazzfestival → Jazz Baltica zum Schleswig-Holstein Musik Festival, das zu den größten klassischen Musikfesten der Welt zählt.

Schleswig-Holstein Musik Festival

Schleuse
Bei Schleusen unterscheidet man zwischen Deichschleusen und Schifffahrtsschleusen.
Eine Deichschleuse bezeichnet ein Durchlassbauwerk im Deichkörper, das zum Abfluss des Binnenwassers dient. Westlich der Weser ist

Schifffahrtsschleuse

der Begriff »Siel« gebräuchlich, der andernorts auch für kleinere Schleusenbauwerke verwendet wird. Die ersten mittelalterlichen Einrichtungen waren einfache Klappsiele, die frei hin- und herschwangen und bei → Flut automatisch zugedrückt wurden. Später wurden aufwändige Holzkonstruktionen, danach gemauerte Schleusen mit größerem Durchmesser und Torpaaren üblich. Eine Schifffahrtsschleuse dient dem Überwinden von Höhenunterschieden auf Kanälen und Flüssen. Die älteste Kammerschleuse in Europa ist die → Palmschleuse des 1398 erbauten Stecknitz-Kanals zwischen der → Elbe bei Lauenburg und Lübeck. Heute bekannte Schleusen liegen zum Beispiel im → Nord-Ostseekanal (Holtenauer, Brunsbütteler Schleuse) oder in der → Elbe (Geesthacht).

Schmuggelstiege
verliefen verdeckt entlang von und quer zu alten Grenzen, um den Zoll zu umgehen. Heute sind teilweise Straßen danach benannt, zum Beispiel am Ochsenzoll, der Grenze zwischen Schleswig-Holstein und Hamburg.

Schnüüsch
ist ein Gericht aus → Angeln: Bohnen, Erbsen, Kohlrabi, Karotten und viel frische Milch. Das Ganze wird mit → Katenschinken oder → Matjes serviert - ein Klassiker, den man auch in → Dänemark schätzt. Dazu trinkt man traditionell → Angler Muck.

Schwan
Der Höckerschwan ist ein im Lande nicht seltener Brutvogel, während der Singschwan nur als Wintergast zu erleben ist. Der Höckerschwan war schon im Spätmittelalter die Wappenfigur für die Grafschaft Gau Stormarn (→ Gau) und fand später Aufnahme in das Kreiswappen für Stormarn. Der Schwan ist auch im historischen Wappen der dänischen Könige und der vielverzweigten Herzöge von → Schleswig und → Holstein zu finden. Auch das moderne Wappen von Neumünster zeigt einen Schwan.

Schwansen
ist mit 258 Quadratkilometern die mittlere der drei Halbinseln an der → Ostsee. Von → Angeln durch die → Schlei, vom → Dänischen Wohld durch die Eckernförder Bucht getrennt. Schwansens Küste beginnt bei Eckernförde und endet vor Kappeln. Das einst mittelalterliche Bauernland wurde vom 14. bis 16. Jahrhundert immer mehr von Gutsherrschaften des Adels und der damit verbundenen Leibeigenschaft geprägt. Im 18. Jahrhundert entstanden Herrenhäuser wie die von Ludwigsburg, Grünholz oder Damp (→ Herrenhäuser). Die flache, von Felder und

Wiesen dominierte Landschaft ist an der höchsten Stelle in Koohüh bei Rieseby 48 Meter hoch.

Schwarzbunte

ist die Bezeichnung für das landesübliche Niederungsrind gegenüber dem Höhenvieh, das in den Alpen vorkommt. Die Rasse wird überwiegend für die Milch-, aber auch für die Fleischproduktion gezüchtet und prägt mit ihrem schwarz-weiß gefleckten Fell die Landschaft Schleswig-Holsteins.

Seebestattung

ist eine aus der Zeit der Segelschifffart herrührende Bestattungsart, die seit den 1970er Jahren in Form der Aschenbeisetzung als reguläre Bestattung angeboten wird. Dabei wird der eingeäscherte Leichnam, begleitet durch ein Zeremoniell, in speziell ausgewiesenen Gebieten in einer wasserlöslichen Urne dem Meer übergeben. Auf einigen Friedhöfen und an anderen Stellen gibt es Gedenkorte für Seebestattungen, auch werden regelmäßig Gedenkfahrten durchgeführt. Schleswig-Holstein ist wegen seiner Lage zwischen zwei Meeren eine Hochburg der Seebestattung innerhalb Deutschlands.

Seebüll

liegt nördlich von Niebüll und ist Warft und Bauplatz des einstigen Wohnhauses des Malers Emil → Nolde und seiner Frau Ada. Es ist heute Sitz der Nolde-Stiftung und Museum. Hier werden wechselnde Ausstellungen mit Werken des Malers gezeigt. Das 1927 errichte-

Nolde-Haus und Garten in Seebüll

te Haus Seebüll wurde von Nolde selbst entworfen, mithilfe des Flensburger Architekten Georg Rieve realisiert und 1956 nach seinem letzten Willen als »Stiftung Seebüll Ada und Emil Nolde« der Öffentlichkeit übergeben. Teil der Anlage und sehr sehenswert ist überdies der angrenzende Nolde-Garten, der im Original erhalten ist, sowie umliegende Wege durch die Landschaft.

Seefahrerfriedhof
ist eine Bezeichnung für jene Friedhöfe auf den Inseln → Amrum und → Föhr, die bis heute einen erheblichen Bestand an historischen Seefahrergrabsteinen, insbesondere aus der Walfänger-Zeit (→ Grönlandfahrt), aufweisen. Sie liegen in Nebel auf der Insel Amrum sowie in Nieblum, Wyk-Boldixum und Süderende auf Föhr.

Seehund
Die wohl bekanntesten Tiere im → Wattenmeer und vor der Küste sind die Seehunde. Von Mai bis September versammeln sie sich auf den Sandbänken, um dort ihre Jungen zur

Seehundbank vor Büsum

Welt zu bringen und sie zu säugen. Eine Robbe kann bis zu 1,80 Meter lang und mehr als 100 Kilo schwer werden. Die Tiere ernähren sich vornehmlich von Fischen und Krebsen, die sie auch im Dunkeln aufspüren könne. Mit ihren Barthaaren ertasten sie Wasserveränderungen, die durch Fische im Wasser erzeugt werden. Seehunde können bis zu 40 Jahre alt werden (→ Heuler).

Seesterne

sind in → Nord- und → Ostsee vertreten. Von den weltweit mehr als 2000 Arten finden sich in Schleswig-Holstein jedoch nur sechs. Seesterne können bis zu 30 Zentimeter Durchmesser aufweisen und ernähren sich am liebsten von → Muscheln. Ein verlorener Arm wächst nach, selbst schwer verletzte Seesterne können sich im Wasser regenerieren. Am Strand und ohne Wasser sterben sie jedoch. Weibliche Seesterne legen jedes Frühjahr zwei bis drei Millionen Eier im Meer ab, wo nach der Befruchtung über Larven neue Seesterne wachsen.

Shanty
ist ein Seemannslied, das ursprünglich bei der Arbeit auf dem Schiff gesungen wurde. Es half, schwere Arbeiten wie das Setzen von Segeln und Hissen von Rahen, die nur in gemeinsamer Kraftanstrengung bewältigt werden konnten, zu koordinieren und leichter zu verrichten. Im Rhythmus des Liedes wurden die Taue und anderes gemeinsam gezogen.

Smutje
heißt der Koch an Bord von Schiffen (auch wenn er nicht ausgebildet ist), der in der → Kombüse das Essen für die Schiffsmannschaft zubereitet.

Sottje
ist der Schornsteinfeger, der den Sott (Ascheereste) aus dem Sottfang unter dem Schornstein fegt.

Spatenrecht
ist ein Begriff aus dem frühneuzeitlichen Deichwesen: Wenn ein Landbesitzer seine Deichstrecke nicht mehr unterhalten bzw. reparieren konnte, steckte er als Zeichen einen Spaten hinein. Dann mussten andere Landbesitzer oder der Deichverband die Unterhaltung übernehmen, damit die Gemeinschaft der Deichpflichtigen nicht durch Überschwemmungen gefährdet wurde (→ Deichbau).

Sperrwerk
Sperrwerk ist ein modernes großes Bauwerk, mit dem tideabhängige Flüsse gegen die → Nordsee (→ Eider) bzw. Niederelbe (→ Elbe,

Stör, Pinnau) abgeriegelt werden. Die großen Klappen werden nur bei → Sturmflutgefahr geschlossen. Beim → Eidersperrwerk gewährleistet eine benachbarte Schleuse weiterhin die Durchfahrt von Schiffen. Mit den Sperrwerken konnten Deichabschnitte verkürzt werden.

Springflut

Ihre Entstehung ist mit den → Gezeiten eng verbunden. Bei Voll- und Neumond kann sich, wenn sich Sonne, Erde und Mond auf einer Linie befinden, die Anziehungskraft des Mondes noch verstärken. Dadurch entstehen noch höhere »Flutberge«, auch Springflut oder Springtiden genannt (→ Gezeiten, → Tide). Wenn eine Springflut mit Nordweststurm zusammenfällt, ist die Voraussetzung für eine → Sturmflut gegeben.

Stagen und Wanten

sind die feststehenden Verspannungen der Masten. Die Wanten stehen auf den Seiten, die Stagen gehen nach → achtern und vorn. Den Gegensatz bildet das laufende Gut, die Fallen.

Steilküsten

sind in Schleswig-Holstein nicht häufig, es gibt sie aber. Zum Beispiel am Brodtener Ufer bei → Travemünde oder beim Roten Kliff auf → Sylt. Auch von Schwedeneck, von Hohwacht und bei Heiligenhafen aus lassen sich weite Ausblicke über das Meer genießen. Es handelt sich hier um eiszeitliche Moränenabsätze (→ Moräne), die von der Brandung des Meeres abgetragen und zu Steilufern geformt wurden.

Steilküste mit Strand am Brodtener Ufer

Steward
serviert an Bord das Essen und die Getränke, vorzugsweise in der Kapitänsmesse (→ Messe) und auf den Kreuzfahrtschiffen.

Stöckebastferien
war eine schulfreie Zeit für die Kinder aus der → Haseldorfer Marsch. Ende des 19. Jahrhunderts wurden diese Ferien eingeführt, um den Kindern kurz vor Pfingsten zwei Wochen Zeit für das Entrinden (Basten) von Weidenstöcken einzuräumen. Diese Arbeit, an der sich das ganze Dorf beteiligte, diente den → Bandreißern als Grundlage ihres handwerklichen Tuns.

Störche
Mehr als 200 Storchenpaare brüten jährlich in Schleswig-Holstein. Das Dorf Bergenhusen im Kreis Schleswig-Flensburg ist berühmt für seine Störche. Schon Mitte des letzten Jahrhunderts hat Heinz Sielmann es mit seinem Film »Im Dorf der weißen Störche« bekannt gemacht.

Theodor Storm

Storm, Theodor

wurde 1817 in Husum geboren. Er gehört als Lyriker und als Meister der Novelle zu den großen deutschen Dichtern, deren Einfluss bis heute nachhallt. Dabei erschien sein bekanntestes Werk → »Der Schimmelreiter« erst nach seinem Tod 1888. Storms Gedichte und Novellen spiegeln in besonderer Weise die Atmosphäre und Lebenswelt Schleswig-Holsteins wider. Theodor Sturm liegt in Husum begraben. In seinem Wohnhaus in der Wasserreihe 31 in Husum, das er 1866 mit seiner Frau und seinen sieben Kindern bezogen hatte, befindet sich heute das Storm-Haus. Es gehört zu den bedeutendsten Literaturmuseen in Deutschland.

Strandhafer

ist eine Pflanze, die bei der Bildung von → Dünen und ihrer Festigung eine entscheidende Rolle

Strandhafer auf Sylt

spielt. Wo sie nicht von alleine wächst, wird sie angepflanzt. Strandhafer wird 50 bis 100 Zentimeter hoch und bildet steile, aufrechte Blätter

Strandkorb

Der erste Strandkorb, gefertigt von dem Hofkorbmacher Wilhelm Bartelmann aus Rostock, fand 1882 am Strand von Warnemünde seinen Platz. Um 1900 hatten sich Strandkörbe dann bereits in allen deutschen Küstenbädern durchgesetzt. Der Strandkorb wird nach wie vor von Hand gefertigt und ist heute nicht mehr nur am Strand zu sehen, sondern auch im → Binnenland. Man unterscheidet bis heute zwischen der eher eckigen und kantigen Nordseeform und der rundlichen und geschwungenen Ostseeform.

Strandleichen

nennt man Opfer von Schiffbrüchen, die an den Küsten Schleswig-Holsteins angeschwemmt wurden und häufig nicht identifiziert werden konnten. Sie wurden teilweise auf besonderen Friedhöfen beigesetzt (→ Friedhof der Namenlosen).

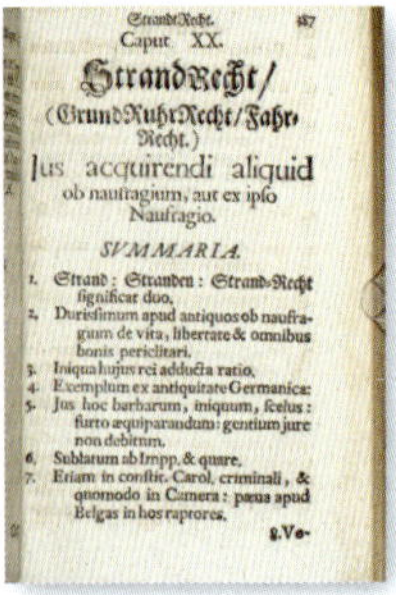
StrandtRecht. 187
Caput XX.
StrandRecht/
(GrundRuhrRecht/Fahr-
Recht.)
Jus acquirendi aliquid
ob naufragium, aut ex ipso
Naufragio.

SVMMARIA.

1. Strand : Stranden : Strand-Recht significat duo.
2. Durissimum apud antiquos ob naufragium de vita, libertate & omnibus bonis periclitari.
3. Iniqua hujus rei adducta ratio.
4. Exemplum ex antiquitate Germanica:
5. Jus hoc barbarum, iniquum, scelus: furto æquiparandum: gentium jure non debitum.
6. Sublatum ab Impp. & quare.
7. Etiam in constit. Carol. criminali, & quomodo in Camera: pœna apud Belgas in hos raptores.

8. Ve-

Strandrecht
verweist auf Schiffbrüche und das Bergerecht an angeschwemmten Gütern. Das Strandrecht wurde in den unterschiedlichen Regionen Schleswig-Holsteins historisch immer wieder neu geregelt. Ein einheitliches deutsches Strandrecht gibt es erst seit dem späten 19. Jahrhundert.

Strandsegeln
hat in Bad St. Peter-Ording eine lange Tradition, auch wenn die Sportart ursprünglich aus Ostpreußen stammt. Bereits in den 1930er Jahren konnte man am dortigen Strand die dreirädrigen Fahrzeuge beobachten. Die Sportart findet aufgrund des glatten Sandbodens und der Windverhältnisse am Strand hervorragende Bedingungen. Die Wagen erreichen mit ihren Segeln hohe Geschwindigkeiten von bis zu 100 Kilometern pro Stunde.

Mit dem Segelboot am Strand unterwegs

Strumpfsocke
ist zugleich Strumpf und Socke. Zusammengesetzte Worte mit gleichem Inhalt (Tautologie) sind im Norddeutschen nicht selten. Siehe auch → Klönschnack.

Sturmflut

ist ein durch Windeinwirkung verursachtes starkes Ansteigen der Pegelhöhe einer normalen → Flut an den tideabhängigen Gebieten (→ Tide). Sturmfluten sind an der → Nordseeküste viel häufiger als an der → Ostsee und treten verstärkt in den Herbst- und Wintermonaten auf. Die Deutsche Bucht mit der Elbmündung gehört im weltweiten Vergleich zu den am meisten von Sturmfluten bedrohten Gebieten. Grund dafür ist der Trichtereffekt bei starken Nordwestwinden. Zu den größten Sturmflutkatastrophen an der schleswig-holsteinischen Nordseeküste gehören die → Mandränken, die Weihnachtsflut 1717 und die Februarflut 1825. An der Niederelbe (→ Elbe) und besonders in Hamburg spielte auch die Februarflut 1962 (sogenannte Hamburg-Flut) eine verheerende Rolle. Sie löste, wie auch die beiden zuvor genannten Katastrophen, grundlegende Verbesserungen im → Deichbau aus. An der Ostsee ist vor allem die Sturmflut 1872 bekannt. In vielen Küstenorten erinnern Flutpfähle, -marken oder -reliefs an Sturmflutkatastrophen (→ Maritime Memorials).

Südschleswig

→ Schleswig

Südschleswigscher Wählerverband (SSW)

ist die Partei der →dänischen Minderheit im Landesteil → Schleswig und eine politische Besonderheit in der gesamtdeutschen Parteienlandschaft. Um die Interessen der dänischen Minderheit zu schützen, unterliegt der SSW bei Landtagswahlen nicht der sogenannten Fünf-Prozent-Klausel und ist in der Regel im Landesparlament vertreten. Er beteiligt sich gegebenenfalls auch an Koalitionsregierungen.

Südwester
ist eine wasserdichte Kopfbedeckung mit breiter Krempe, die rückseitig weit überhängt, um zu verhindern, dass Wasser in die Kleidung läuft. Weil aus Südwesten der meiste Regen kommt, erhielt der Hut seinen Namen.

sutje
heißt so viel wie langsam, sachte.

Sund
→ Belt

Swibbogen
ist der Überbau des Herdes, wo auf einer erhöhte Fläche das Hausfeuer im Bauernhaus brannte und der zum Kochen und »Heizen« genutzt wurde. Der Swibbogen bildete einen bogenartigen Überbau, der vor allem als Funkenfang diente. Zur Diele hin war der Kamin offen; der Rauch stieg nach oben zum First und räucherte zugleich die in den Wiemen aufgehängten Schinken und Würste. Eine geschmiedete Herdtür wurde nur zur Nacht geschlossen.

Sylt
ist mit 99 Quadratkilometer die größte der nordfriesischen Inseln. Sie ist 38 Kilometer lang und zwischen 0,6 Kilometer und 12,6 Kilometer breit. Seit 1927 ist sie durch den von

Sylt aus der Luft

Zügen befahrbaren → Hindenburgdamm mit dem Festland verbunden. Als Seebadinsel wurde Sylt erst 1855 und damit lange nach → Föhr entdeckt, als Westerland das Prädikat des Seebads erhielt. Anschließend entwickelte sich Westerland zum Hauptort der Insel und zeigt heute städtischen Charakter. Die weiteren Orte mit Strandnähe, Wenningstedt, Rantum, List, Hörnum und Kampen, bieten hauptsächlich Touristen ein zumeist mondänes Ambiente. Bekannt ist auch der Friedhof und die St. Severin-Kirche in Keitum, dem früheren Hauptort im Osten der Insel. Landschaftlich interessant sind nicht nur die Strände Sylts, sondern auch die → Wanderdünen des Naturschutzgebiets → Ellenbogen bei List. Gleiches gilt für die Dünenwelt bei Hörnum mit seiner Odde, die Uwe-Düne von Kampen, mit 52,5 Metern über NN die höchste Erhebung der Insel im Steilufer des »Roten Kliffs«, das Wenningstedt und Kampen verbindet sowie das westliche Ende eines viele Jahrtausende alten →Geestrückens in den Heidegebieten der Dörfer im Osten der Insel. Diese Dörfer – Keitum, Morsum und Tinnum – repräsentieren neben Westerlands Alter Kirche die historische Inselkultur. Auf deren weit zurückreichende Geschichte verweisen die »Tinnumburg« des 9./10. Jahrhunderts und das Megalithgrab »Denghoog« bei Wenningstedt. Jahr für Jahr kämpft die Insel gegen die Gewalt des Meeres, das unaufhörlich an ihr nagt.

Satellitenbild von Sylt

Tang
ist eine Art Alge. Sie wächst im Wasser unter dem Einfluss des einscheinenden Lichts in den Farbschattierungen von rot über grün und braun bis blaugrün. Abgestorbener oder weggespülter Tang lagert sich am Strand ab und verbreitet einen unangenehmen Geruch.

Tide
Dieser niederdeutsche Begriff für das hochdeutsche Wort →Gezeiten bezeichnet den Wechsel von →Ebbe und →Flut. Zwischen Hochwasser (Flut) und Niedrigwasser (Ebbe) liegen 12 Stunden und 25 Minuten. Zweimal innerhalb von 24 Stunden und 50 Minuten folgt auf →Ebbe die →Flut und umgekehrt. Die Anziehungskraft des Mondes lässt eine Art »Flutberg« auf der ihm zugewandten Seite der Erde entstehen. Auf der vom Mond abgewandten Seite entsteht der »Flutberg« durch

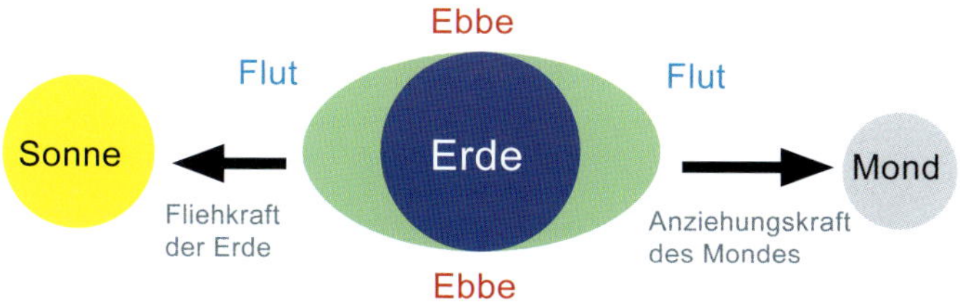

die Fliehkraft der Erde. Genau zwischen diesen beiden Flutbergen liegen entsprechend die Ebbetäler. Der Mond allein könnte den Wechsel von Ebbe und Flut nur ein Mal pro Monat bewirken. Da sich aber die Erde einmal täglich um die eigene Achse dreht und sich damit immer wieder aufs Neue dem Mond zu-

Torhaus von Gut Jersbek

wendet, erfolgen Flut und Ebbe zwei Mal täglich. Tidenhub heißt der Höhenunterschied des Wasserstands in diesem Gezeitenwechsel (→ Gezeiten, → Sturmflut, → Springflut).

Torhäuser

sind die Nahtstelle der alten Güter, hier fuhr man von der Straße auf den Wirtschaftshof und zum angrenzenden → Herrenhaus. Oft ist hier auf einem kleinen Türmchen oder im Giebel eine Uhr angebracht, nach der sich der Tages- und Arbeitsablauf auf dem Gut (→ Adeliges Gut) richtete.

Tote Tante

ist ein Heißgetränk aus einem halben Liter Milch, einer Tafel Zartbitterschokolade (100 Gramm), acht bis zehn Zentilitern Sahne und vier bis fünf Zentilitern braunem Rum. Getrunken wird die Tote Tante vor allem in → Nordfriesland mit oben draufgegebener Sahne.

Tracht
ist ein Begriff aus dem Mittelniederdeutschen und bezeichnet ursprünglich »das, was getragen wird«. Die Tracht war die traditionelle Kleiderordnung, die regional unterschiedlich ausfiel. Auch wurde zwischen Alltags- und Sonntagstracht unterschieden. In Schleswig-Holstein trug man hauptsächlich Trachten in dunklen Farben, dazu Hauben, Spitzen, Tücher. Die Tradition wird heute von Trachtenvereinen und Volkstanzgruppen weiter gepflegt.

Trantüte
ist eine scherzhaft-negative Bezeichnung für einen Menschen, der im Sprechen oder Handeln deutlich verlangsamt ist.

Trave
Die Trave ist rund 133 Kilometer lang und der wichtigste in die → Ostsee mündende Fluss des Landes und kann von Lübeck bis → Travemünde durch mittelgroße Seeschiffe befahren werden. Mit der → Elbe ist die Trave durch den Elbe-Lübeck-Kanal verbunden.

Travemünde
war 1802 das erste Seebad in Schleswig-Holstein und gehört seit 1913 verwaltungspolitisch zu Lübeck, von dem es rund 20 Kilometer entfernt an der Lübecker Bucht (→ Ostsee) liegt. Der größte Teil von Travemünde liegt westlich der → Trave, mit Ausnahme des → Priwall. Travemünde ist Heimathafen des Segelschulschiffes → Passat.

Proklamation der provisorischen Regierung, Hans Olde, 1912–1917

Up ewig ungedeelt
wurde zum Schlagwort der Schleswig-Holsteiner und fasst den dritten von drei sogenannten Fundamentalsätzen des 1844 von der holsteinischen Ständeversammlung eingeforderten Landesrechts. Quelle dieses Satzes ist ein antidänisches Gedicht aus dem Jahr 1841. Dieses war seinerseits abgeleitet vom Ripener Vertrag 1460, in dem es hieß: »... unde dat se bliven ewich tosamende ungedelt« (»... und daß sie ewig zusammen [und] ungeteilt bleiben«). Es wurde zum Motto des Kampfes für die ungeteilten → Herzogtümer, das in der gegen die dänische Landesherrschaft gerichtete schleswig-holsteinischen Bewegung eine wichtige Rolle spielte. Vor allem um die Mitte des 19. Jahrhunderts wurde es in zahlreichen politischen, gesellschaftlichen und kulturellen Zusammenhängen benutzt.

Utlande (Uthlande)
sind die dem Festland vorgelagerten Außengebiete im heutigen Kreis → Nordfriesland, also die → Halligen, Inseln und → Marschen.

Vogelfluglinie
→ Fehmarn

Vogelkoje
Die Vogelkojen auf den nordfriesischen Inseln sind künstlich angelegte Fangplätze für Enten aller Art. Sie bestehen aus einem Teich, von dem mehrere Gräben abgehen, die zum Ende immer schmaler werden. Diese sogenannten Pfeifen werden mit Netzen abgedeckt. Durch die auf dem Teich ausgesetzten Lockenten werden durchziehende Wildenten animiert, auf dem Teich zu rasten. Sie werden dann von den Lockenten und mit ausgelegtem Futter in die Pfeifen gelockt, wo sie gefangen und getötet werden. Die nach niederländischem Vorbild seit dem 18. Jahrhundert errichteten Vogelkojen waren bis ins 20. Jahrhundert in Betrieb. Der Wildentenfang bildete einen wichtigen Teil für den Lebensunterhalt der Inselbewohner.

Vogelschießen
→ Kindervogelschießen

Vollschiff
nennt man ein großes Segelschiff mit drei bis fünf Masten, die nur mit Rahen versehen sind, im Gegensatz zur → Bark, die am letzten Mast nur einen oder zwei → Gaffelbäume besitzt.

Vor den Mast gehen
heißt, seine Notdurft ungesehen von den Anderen zu verrichten, die sich zumeist auf dem Achterschiff (→ achtern) oder unter Deck aufhalten.

Vollschiff: Segelschulschiff STS Mir

Wacken (Festival)

Das Wacken Open Air (W:O:A) ist ein Heavy-Metal-Festival, das jährlich am ersten Augustwochenende in der schleswig-holsteinischen Gemeinde Wacken (Kreis Steinburg) stattfindet. Es zählt zu den größten Heavy-Metal-Festivals der Welt.

Festivalstimmung auf dem Wacken

Walfang

→ Grönlandfahrt

Wagrien

Den Namen Wagrien gaben die wendischen Wagrier, ein Teilstamm der Abodriten, der Halbinsel zwischen Neustädter Bucht und Kieler → Förde; ihr Hauptort war Starigard (slawisch = Alte Burg), das heutige Oldenburg.

Wanderdüne

Bei List auf der Insel → Sylt gibt es ein Wanderdünengebiet. Diese Dünenkette (→ Düne) bleibt sich selbst überlassen und verändert durch Windeinwirkung ihre Lage.

Wandständerbauten

sind schmale, einfache Gebäude auf dem Lande, die von Landarbeitern oder → Insten bewohnt wurden. Zumeist sind sie als Fachwerkbauten, später auch aus Ziegelmauerwerk errichtet, wobei die Dachlast nur auf den Außenwänden auflag. Es gibt sie auch als Doppelkaten und Armenkaten (→ Katen).

Wappen

sind besondere Zeichen, die nach bestimmten Regeln zunächst für Herrscherfamilien, dann auch für Ritter und bedeutende Reichsstädte gebildet wurden (→ Landeswappen). Der Ursprung der Wappen liegt wohl in Vorderasien, wo bei den Kämpfen auf den Kreuzzügen im Hochmittelalter die durch ihre Rüstung eigentlich nicht identifizierbaren Ritter besondere Zeichen auf ihren Schildern anbrachten und dann auch ihren Helm und den Kopf ihres Pferdes schmückten. So waren Freund und Feind erkennbar. Die Schildform hat sich bis heute erhalten; die Wappenbilder wurden allmählich erblich und später auch von bürgerlichen Familien, Gemeinden, Berufsverbänden und Firmen geführt. In der Wappenkunde gibt es strenge Regeln (Heraldik), nach denen die Wappen zu gestalten sind. Wappen sind in der Regel geschützte Zeichen und dürfen von Unbefugten nicht benutzt werden. Für die Darstellung der Wappenfarben in einfarbigen Darstellungen gibt es seit über 400 Jahren festgelegte heraldische Schraffuren und Zeichen.

Warder

Der niederdeutsche Begriff für »Werder« bezeichnet eine ins Wasser (Fluss, See, Meer) hineinragende Halbinsel oder Insel. In Schleswig-Holstein zählt die → Nehrungslandschaft des → Graswarders bei Heiligenhafen zu den bekanntesten Beispielen.

Die Halbinsel Graswarder vor Heiligenhafen

Warften

Bevor die Nordseemarschen (→ Marsch) durch geschlossene Deichlinien geschützt wurden, hatte man künstliche Erhöhungen aufgeworfen. Sie wurden als Warft (Warf, Wurt) bezeichnet und dienten einzelnen oder mehreren Anwesen als Schutz vor der Gewalt des Meeres. Eine der größten Warften findet sich auf Hallig Hooge und umfasst eine Fläche von 30 000 Quadratmetern. Auf der Hallig Hooge finden sich insgesamt 12 bewohnte Warften, auf der größten von ihnen gibt es 16 Haushalte (→ Deichbau).

Wasserpass
ist eine Staumarke in einem Wasserpass-Stein oder in Form einer waagerechten Kerbe, die meist direkt neben der Mühle anzeigte, bis zu welcher Höhe der Müller den angrenzenden Mühlenteich anstauen durfte, um vor allem im Winter genügend Wasserkraft für den Betrieb seiner Mühle zu haben. Weil hierbei der Müller nicht immer korrekt war, führte dies zu Ärger bei den Bauern, deren an den Mühlenteich angrenzenden Wiesen im Frühjahr nicht rechtzeitig abtrocknen konnten. An manchen Mühlen gab es deshalb neben dem höheren Winterstau auch einen niedrigeren Sommerstau, der regelmäßig ab dem → Maitag, dem 1. Mai, eingehalten werden musste.

Wattenmeer
bezeichnet jene Flächen der → Nordsee, die bei → Ebbe trockenfallen. Es wird im Gegensatz zum Außendeichsland, das nur von den hoch auflaufenden Herbst- und Wintersturmfluten (→ Sturmflut) überspült wird, im Rhythmus der → Gezeiten geflutet. Das Wattenmeer ist ein weltweit einzigartiger Lebensraum für Flora und Fauna sowie wichtiger Nahrungsraum für → Zugvögel. Das gesamte Wattenmeergebiet ist als Nationalpark ausgewiesen und als UNESCO-Weltnaturerbe anerkannt worden.

Wehl
→ Brack

Wein
Seit dem 29. Mai 2009 und mit Inkrafttreten einer entsprechenden Landesverordnung ge-

Wattenmeer

hört Schleswig-Holstein offiziell zu den Weinbau treibenden Ländern. Weingüter gibt es zum Beispiel in den Kreisen Ostholstein und Plön. Auch früher wurde in den Südlagen am Geesthang der Elbe, etwa in Lauenburg, Wein angebaut.

Westerhever-Leuchtturm

An der Nordwestspitze von → Eiderstedt gelegen, wurde der Leuchtturm durch eine Bierreklame berühmt und zu einem Symbol der → Nordsee. Mit einer Höhe von 41,5 Metern und eingerahmt von zwei baugleichen Häusern wurde er 1906 auf einer vier Meter hohen, aufgeschütteten → Warft auf 127 dicken Eichenpfählen errichtet. Auf einem gemauerten Sockel wurden 608 miteinander verschraubte, gusseiserne Platten montiert. Neun Stockwerke beherbergt der Turm, 1908 wurde das Leuchtfeuer in Betrieb genommen. Bei guter Sicht ist es an die 50 Kilometer weit zu sehen. Der letzte Leuchtturmwärter ging allerdings bereits 1979 vom Turm. Seitdem leuchtet das Feuer automatisiert (→ Leuchttürme).

Blick auf den Westerhever-Leuchtturm

Frihed, likhed, brorskab, Zeichnung, Andreas Bloch, 1905

Wikinger
ist die Bezeichnung für seefahrende Bevölkerungsgruppen aus nordischen oder baltischen Regionen an → Nord- und → Ostsee. Sie führten einerseits Raubzüge durch, wurden andererseits sesshaft. Als Wikingerzeit gilt die Epoche von etwa 800 bis 1060 n. Chr. (→ Wikingermuseum Haithabu).

Wikingermuseum Haithabu

gelegen in Busdorf bei Schleswig, wurde 1985 eröffnet und gehört zu den bedeutendsten archäologischen Museen in Deutschland. Es liegt nahe des frühmittelalterlichen Handels- und Siedlungplatzes → Haithabu, einem wichtigen Warenumschlagplatz an der → Ostsee, der bis zum Ende der Wikingerzeit Mitte des 11. Jahrhunderts von großer Bedeutung war. Seit dem ausgehenden 19. Jahrhundert ist die Anlage Gegenstand umfänglicher archäologischer Forschungsarbeiten. 2005 entstand am historischen Siedlungsplatz ein Freilichtmuseum. Sieben Häuser, Schiffe und Wege konnten rekonstruiert werden. Sie befinden sich 1,4 Kilometer vom Museum entfernt.

Wildnisse

wurden die letzten damals noch unbesiedelten → Marschen an der holsteinischen Seite der → Elbe unterhalb von Wedel genannt. Nach ihrem Erschließen hießen sie die Engelbrechtsche Wildnis und die Blomesche Wildnis.

Willkomm-Höft

Die Schiffsbegrüßungsanlage in Wedel bei Hamburg an der → Elbe entstand 1952 aufgrund einer Idee von Otto Friedrich Behncke in Verbindung mit dem Fährhaus von Schulau. Jedes Schiff, das an dieser Stelle die Elbe passiert und mehr als 500 Tonnen wiegt, wird mit seiner Landeshymne (→ Hymne) begrüßt und den Gästen, die im angeschlossenen Restaurant sitzen, vorgestellt. Zudem wurde dort ein → Buddelschiffmuseum angelegt.

Windjammerparade, historische Ansicht

Windjammer

ist die Bezeichnung für einen Großsegler-Typ, dessen Anfänge in der zweiten Hälfte des 19. Jahrhunderts liegen. Aus Holz, Eisen oder Stahl hergestellt, sollten sie möglichst rentable Frachtfahrten ermöglichen. Die Bedeutung »Großsegler« ist bis heute geblieben, inzwischen kommen sie aber nur noch als Segelschulschiffe (→ Gorch Fock) oder Museumsschiffe (→ Passat) zum Einsatz.

Windmühlen

Die Flügel von mehr als 1000 Windmühlen drehten sich im 19. Jahrhundert in Schleswig-Holstein. Heute sind es noch rund 60 Mühlen (die meisten in → Nordfriesland). Ein Drittel davon gehört dem Typ des Zwickstellholländers an. Das ist eine Mühlenart aus Holland, deren »Haube« drehbar ist, weshalb auch manchmal der Begriff »Kappenwindmühle« verwendet wird. Ein Beispiel dieses Typs ist die 1787 erbaute Windmühle in Lemkenhafen auf → Fehmarn, heute ein Museum.

Windstärken

Der Wind spielt in Schleswig-Holstein eine bedeutende Rolle. Insbesondere im Frühjahr und Herbst fegen teils heftige Stürme über das Land. Vor orkanartigen Stürmen erfolgen Warnungen durch das Seewetteramt. Die Skala der Windstärken reicht von Windstille (Windstärke 0) bis zum Orkan (Windstärke 12) mit mehr als 32,6 Metern pro Sekunde. Winde in dieser Stärke kommen in Schleswig-Holstein selten vor. Wenn doch, ist das Meer voller Schaum und Gischt und eine Fernsicht unmöglich.

Je höher der Windsack steigt, desto stärker bläst es. Aber nicht nur die Windstärke zeigt er an, auch die Windrichtung lässt sich so ablesen.

Wrunken (Wrucken)
bedeutet Steckrübe.

Wurt
→ Warft

Ziegelei
nennt man die Fabriken, in denen aus Ton und Lehm bei einer Hitze von rund 1100 Grad Ziegel gebrannt werden. Ursprünglich gab es nur Feldziegeleien, die die Form von Meilern hatten. Im 19. Jahrhundert wurden die Ringofen-Ziegeleien erfunden, in denen kontinuierlich Feuer brannte, das von Kammer zu Kammer weiterschritt. Die Ziegelarbeiter kamen oft

aus dem Lippischen und bleiben immer nur im Sommer vor Ort. Man unterscheidet traditionell Mauer- und Dachziegel; deren Form und Größe wechselte in den Jahrhunderten. Mit einem besonderen Ziegelstempel wurden die Produkte einer Ziegelei gekennzeichnet.

Zugvögel

Schleswig-Holstein ist ein beliebter Rastplatz von Zugvögeln aus dem nordeuropäischen Raum. Sie ziehen im Herbst von ihren Brutplätzen Richtung Süden und mit Ende des Winters wieder zurück. Zugvögel lassen sich

Kranich, Paul Müller-Kaempf, 1899

für kurze Zeit am nährstoffreichen Watt der → Nordseeküste, an den Ufern der tideabhängigen Ströme (→ Tide) oder in geschützten Bereichen des → Binnenlandes und der Ostseeküste nieder (→ Ostsee). Beispiele für Rastplätze sind das Wattengebiet zwischen den nordfriesischen Inseln, die Grünlandflächen auf → Eiderstedt und in → Dithmarschen sowie das Naturschutzgebiet → Graswarder und die Insel → Fehmarn an der Ostseeküste. Zu den bekanntesten und spektakulärsten Zugvogelarten zählt der Kranich, der beispielsweise im Naturschutzgebiet Sehlendorfer Binnensee bei Hohwacht zu beobachten ist.

Zwickstellholländer

→ Windmühlen

Literaturverzeichnis

Auge, Oliver (Hrsg.): Christian-Albrechts-Universität zu Kiel. 350 Jahre Wirken in Stadt, Land und Welt. Kiel 2015

Auge, Oliver/Norbert Fischer (Hrsg.): Nutzung gestaltet Raum. Regionalhistorische Perspektiven zwischen Stormarn und Dänemark. Frankfurt/Main u. a. 2017

Eckert, Gerhard: Als die Badekarren rollten. Ostseebäder von Travemünde bis Glücksburg. Hamburg 1977

Eckert, Gerhard: Damals an der Nordsee. Erstaunliches & Ergötzliches von Büsum bis Sylt & Helgoland. Hamburg 1977

Eckert, Gerhard: Schleswig-Holsteins Geschichte entdecken und erleben. Begegnungen mit historischen Städten und Stätten. Husum 1985

Fischer, Ludwig (Hrsg.): Kulturlandschaft Nordseemarschen. Bräiist/Bredstedt u. a. 1997

Fischer, Norbert/Klaus Gille: Lebendiges altes Handwerk in Schleswig-Holstein. Hamburg 1996

Fischer, Norbert/Brigitta Schmidt-Lauber/Susan Müller-Wusterwitz (Hrsg.): Inszenierungen der Küste. Berlin 2007

Fischer, Norbert/Sonja Jüde/Stefanie Helbig/Gabriele Rieck (Hrsg.): Der Graswarder – Küstenlandschaft der Ostsee. Hamburg 2011

Fördenland im Wandel – Veränderungen der maritimen Kultur zwischen Alsensund und Eckernförder Bucht. Flensburg 1994

Geschichte Nordfrieslands. Hrsgg. vom Nordfriisk Institut, Band 1–6. Bräist/Bredstedt 2003 ff.

Gille, Klaus: Kohlgeschichte(n). Aus dem Anbaugebiet hinter Dithmarschens Deich. Heide 1991

Graßmann, Antjekathrin (Hrsg.): Lübeck-Lexikon. Die Hansestadt von A–Z. Lübeck 2006

Groth, Karl-Heinz (Hrsg.): So spricht und feiert Schleswig-Holstein. Hamburg 2012

Günther, Barbara (Hrsg.): Stormarn-Lexikon. Neumünster 2003

Guratzsch, Herwig (Hrsg.): Der neue Gottorfer Globus. Leipzig 2005

Harth, Ulli: Untergang der Halligen. Über untergegangene Halligen und Untergegangenes auf den Halligen. Hamburg 1992

Harth, Ulli: Vom Zauber der Halligen. Leben zwischen Sturm und Stille. Hamburg 1993

Hennigs, Burkhard von/Heinrich Kautzky (Hrsg.): Die Chaussee Altona–Kiel. Die erste Kunststraße in Schleswig-Holstein. Kiel 2015

Historische Kulturlandschaften in Schleswig-Holstein. Hrsgg. vom Schleswig-Holsteinischen Heimatbund. Neumünster 1999

Hundert [100] Jahre Kreise in Schleswig-Holstein. Neumünster 1967

Knöll, Stefanie/Michael Overdick/Norbert Fischer/Thomas Overdick (Hrsg.): Der Tod und das Meer: Seenot und Schiffbruch in Kunst, Geschichte und Kultur. Handewitt 2012

Kock, Christian: Volks- und Landeskunde der Landschaft Schwansen. Kiel 1975 (Nachdruck)

Kraack, Detlev/Klaus-Joachim Lorenzen-Schmidt (Hrsg.): Essen und Trinken. Zur Ernährungsgeschichte Schleswig-Holsteins. Neumünster 2010

Kraack, Detlev/Martin Rheinheimer (Hrsg.): Aus der Mitte des Landes. Klaus-Joachim Lorenzen-Schmidt zum 65. Geburtstag. Neumünster 2013

Kunz, Harry/Thomas Steensen (Hrsg.): Das neue Sylt-Lexikon. Neumünster 2007 (2., aktualisierte und stark erweiterte Auflage)

Kürtz, Jutta: Das Kochbuch aus Schleswig-Holstein. Münster 1976

Kürtz, Jutta: Badeleben an Nord- und Ostsee. Kleine Kulturgeschichte der Sommerfrische. Heide 1994

Kürtz, Jutta: Land am Wasser – Schleswig-Holstein. Reisen, speisen und entdecken. Neumünster 2014

Lafrenz, Deert: Gutshöfe und Herrenhäuser in Schleswig-Holstein. Petersberg 2015

Lange, Ulrich (Hrsg.): Geschichte Schleswig-Holsteins. Von den Anfängen bis zur Gegenwart. Neumünster 1996

Leier, Anne/Ulrich Gehner: Ostholstein. Von der Ostseeküste zur Holsteinischen Schweiz. Hamburg 1991

Leier, Anne/Ulrich Gehner: Schleswig-Holstein. Land zwischen Nord- und Ostsee. Hamburg 1992 (2., veränderte Auflage)

Lorenzen-Schmidt, Klaus-Joachim: Kleines Lexikon alter schleswig-holsteinischer Gewichte, Maße und Währungseinheiten. Neumünster 1990

Lorenzen-Schmidt, Klaus-Joachim: Deiche in Schleswig-Holstein. Die Elbmarschen als Beispiel. Neumünster 1999

Lorenzen-Schmidt, Klaus-Joachim: Lexikon historischer Berufe in Schleswig-Holstein und Hamburg. Kiel 1999

Lorenzen-Schmidt, Klaus-Joachim/Ortwin Pelc (Hrsg.): Das neue Schleswig-Holstein Lexikon. Neumünster 2006 (2., verbesserte Auflage)

Lundt, Bea (Hrsg.): Nordlichter. Geschichtsbewußtsein und Geschichtsmythen nörd-

lich der Elbe. Köln u. a. 2004
Mensing, Otto (Hrsg.): Schleswig-Holsteinisches Wörterbuch, Band 1–5. Neumünster 1927 ff.
Moller, Andreas: Boote und Bootsleute in der Marsch. Bräiist/Bredstedt 2001
Möller, Theodor: Die Welt der Halligen. Kiel 1924
Müllenhoff, Karl (Hrsg.): Sagen, Märchen und Lieder der Herzogtümer Schleswig, Holstein und Lauenburg. Kiel 1975 (Nachdruck)
Newig, Jürgen/Uwe Haupenthal (Hrsg.): Rungholt. Rätselhaft und widersprüchlich. Husum 2016
Pelc, Ortwin (Hrsg.): Katastrophen in Norddeutschland. Neumünster 2010
Pelc, Ortwin/Jürgen Ibs (Hrsg.): Arme, Kranke, Außenseiter. Soziale Randgruppen in Schleswig-Holstein seit dem Mittelalter. Neumünster 2005
Pelc, Ortwin: Seeräuber auf der Nord- und Ostsee: Wirklichkeit und Mythos. Heide 2005
Petersen, Marcus/Hans Rohde: Sturmflut. Die großen Fluten an den Küsten Schleswig-Holsteins und in der Elbe. Neumünster 1991 (3., verbesserte Auflage)
Quedens, Georg: Das Friesenhaus. Hamburg 1988
Quedens, Georg: Orkanfluten. Hamburg 1995
Quedens, Georg: Inseln der Seefahrer. Sylt, Amrum, Föhr und die Halligen. Hamburg 1996
Rehbein, Franz: Das Leben eines Landarbeiters. Hrsgg. von Urs J. Diederichs und Holger Rüdel. Hamburg 1995 (Nachdruck)
Rheinheimer, Martin: Der Kojenmann. Mensch und Natur im Wattenmeer 1860–1900. Neumünster 2007
Rheinheimer, Martin (Hrsg.): Mensch und Meer in der Geschichte Schleswig-Holsteins und Süddänemarks. Neumünster 2010
Schmidtke, Kurt-Dietmar: Die Ostseeküste. Von Kiel bis Lübeck. Neumünster 1991
Schmidtke, Kurt-Dietmar: Die Entstehung Schleswig-Holsteins. Neumünster 1995 (3. Aufl.)
Schmidtke, Kurt-Dietmar: Land im Wind. Wetter und Klima in Schleswig-Holstein. Neumünster 1995
Sievers, Kai Detlev: Feste in Schleswig-Holstein. Ein lexikalischer Führer durch den Jahreslauf. Neumünster 1984
Soltkahn, Gisela: Trachten aus Schleswig-Holstein. Hamburg 1987
Sönnichsen, Uwe/Jochen Moseberg: Wenn die Deiche brechen. Sturmfluten und Küstenschutz an der schleswig-holsteinischen Westküste und in Hamburg.

Husum 2003 (4. Auflage)
Stadelmann, Robert: Meer – Deiche – Land. Küstenschutz und Landgewinnung an der deutschen Nordseeküste. Neumünster 1981
Storm, Hans Hermann: So war es damals – das Leben auf dem Lande: Erinnerungen in Wort und Bild, Band 1–6. Rendsburg 1989-1995.
Weber, Andrea/Andreas Bock: Unter alten Dächern. Häuser in Schleswig-Holstein erzählen Geschichten. Hamburg 1994
Zander, Sylvina: Die Stadt, die Trave und das Wasser. Neumünster 2008.

Abbildungsverzeichnis

Herausgeber und Verlag danken allen Fotografen und Leihgebern. Trotz sorgfältiger Recherchen konnten nicht alle Inhaber der Bildrechte ermittelt werden.
Wir bitten gegebenenfalls um Mitteilung.

Braasch, Flensburg (Wein- & Rumhaus Braasch e.K) S. 146 unten

Bronnmann, Wilhelm (in: Heinrich Mehl, „Altes Handwerk", 1999) S. 33

Brügge, Steffi S. 17 unten

fotolia (https://de.fotolia.com/) S. 9, S. 11 unten, S. 14, S. 21, S. 22 oben, S. 23 unten, S. 25, S. 34 unten, S. 36+37, S. 44 oben, S. 47 oben, S. 57, S. 64, S. 65 unten, S. 68 oben, S. 71, S. 78, S. 84, S. 86+87, S. 89, S. 98 unten, S. 99, S. 103 unten, S. 105 unten, S. 106 oben, S. 114, S. 119, S. 120, S. 121 beide, S. 123 unten, S. 127, S. 132, S. 133 oben, S. 135, S. 139 beide, S. 140 beide, S. 141 unten, S. 146 oben, S. 150, S. 156, S. 158 unten, S. 160, S. 164 unten, S. 166, S. 169 oben, S. 177

Franke, Oliver (foto-oliverfranke.de) S. 62+63, S. 180+181

Gröhn, Carsten S. 15 unten

Judwitt, Henrike (Wachholtz Verlag) S. 169 unten

Karl-May-Spiele, Bad Segeberg (https://www.karl-may-spiele.de/) S. 94+95

Magnussen, Friedrich S. 24

maxpixel (maxpixel.freegreatpicture.com) S. 52

Niederegger, Lübeck (J.G. NIEDEREGGER GmbH & Co. KG) S. 112

pixabay (https://pixabay.com/de/) S. 7, S. 10, S. 11 oben, S. 18 oben, S. 23 oben, S. 38, S. 47 unten, S. 48 unten, S. 50, S. 55, S. 67, S. 76, S. 81, S. 82, S. 83, S. 85, S. 88, S. 90, S. 92, S. 96, S. 104, S. 106 unten, S. 108, S. 109 unten, S. 116, S. 129, S. 130 unten,

S. 133 unten, S. 141 oben, S. 155, S. 163 oben, S. 170 unten, S. 183 Mitte, S. 184 beide, S. 185

Ritch (http://www.piqs.com/de/) S. 138

SHMF (Stiftung Schleswig-Holstein Musik Festival) S. 153

Shutterstock (https://www.shutterstock.com/de/) S. 16, S. 30+31, S. 151 unten

Wikimedia Commons (https://commons.wikimedia.org/)
Agnete: S. 12; Ajepbah: S. 170 oben; Anagoria: S. 69; Andreas Geick: S. 22 unten; Andreas Lawen, Fotandi: S. 175; AndreasS: S. 101 oben; Angela Monika Arnold: S. 111; Arne List: S. 98 oben; Arnoldius: S. 19; Axel HH: S. 48 oben; Axel Hindemith: S. 45; Baldhur: S. 158 oben; Begw: S. 131; BS Hochschulstadtteil: S. 73; Daniel Hahne: S. 18 unten; Dguendel: S. 107 oben; Dieter Weiher: S. 151 oben; Dirk Ingo Franke: S. 35; Frank Vincentz: S. 68 unten, S. 183 oben; Fritzbruno: S. 44 unten; Garitzko: S. 97 unten; Genet: S. 34 oben; H.-P.Haack: S. 22 unten; Halava: S. 130 oben; Hermann Junghans: S. 134; Ile-de-re: S. 142 oben; Ipankonin: S. 152; JanTappenbeck: S. 117 unten; Joachim Müllerchen: S. 11 oben, S. 142 unten; Jürgen Howaldt: S. 161; Maryland Department of Agriculture as MdAgDept on flickr: S. 144 oben; McKarri: S. 56; Murma174: S. 93; Muns: S. 179 oben; Nightflyer: S. 144 unten; Obersachse: S. 101 unten; Pecan: S. 10; Peter Haas: S. 171; Pincerno: S. 154; PodracerHH : S. 79, Ralf Roletschek: S. 42, S. 137, S. 167; Rani Gödde: S. 115 oben; Reiss & Sohn: S. 8; Rolf Schröder : S. 157; Salino01: S. 72; Sebastian Fischer: S. 65 oben; Sir James: S. 105 oben; User ES01: S. 145 unten; TerraSAR-X / DLR: S. 168; U.Sonnenberg: S. 39; Viciarg: S. 147; VollwertBIT: S. 97 oben; Wappen Nordfriesland: S. 126 unten; Wolfgang Meinhart: S. 183 unten; Wolfgang Pehlemann: S. 60, S. 103 oben; Ziko: S. 61

Auf dem vorderen Umschlag (von links nach rechts):
fotolia, fotolia, pixabay, pixabay

MIX
Papier aus verantwortungsvollen Quellen
FSC® C107574
www.fsc.org

Impressum

Gesamtherstellung: Wachholtz Verlag
Printed in Europe

ISBN 978-3-529-05347-4

Besuchen Sie uns im Internet:
www.wachholtz-verlag.de